實踐數位出版
大學合作系列

美國重返亞太戰略對亞洲權力結構的影響

The strategic of United States
returning to the Asia-Pacific impact
on the Asian power structure

賴岳謙　著

出 版 心 語

近年來，全球數位出版蓄勢待發，美國從事數位出版的業者超過百家，亞洲數位出版的新勢力也正在起飛，諸如日本、中國大陸都方興未艾，而臺灣卻被視為數位出版的處女地，有極大的開發拓展空間。植基於此，本組自民國 93 年 9 月起，即醞釀規劃以數位出版模式，協助本校專任教師致力於學術出版，以激勵本校研究風氣，提昇教學品質及學術水準。

在規劃初期，調查得知秀威資訊科技股份有限公司是採行數位印刷模式並做數位少量隨需出版〔POD＝Print on Demand〕（含編印銷售發行）的科技公司，亦為中華民國政府出版品正式授權的 POD 數位處理中心，尤其該公司可提供「免費學術出版」形式，相當符合本組推展數位出版的立意。隨即與秀威公司密集接洽，雙方就數位出版服務要點、數位出版申請作業流程、出版發行合約書以及出版合作備忘錄等相關事宜逐一審慎研擬，歷時 9 個月，至民國 94 年 6 月始告順利簽核公布。

　　執行迄今，承蒙本校謝董事長孟雄、陳校長振貴、黃教務長博怡、藍教授秀璋以及秀威公司宋總經理政坤等多位長官給予本組全力的支持與指導，本校諸多教師亦身體力行，主動提供學術專著委由本組協助數位出版，數量逾60本，在此一併致上最誠摯的謝意。諸般溫馨滿溢，將是挹注本組持續推展數位出版的最大動力。

　　本出版團隊由葉立誠組長、王雯珊老師以及秀威公司出版部編輯群為組合，以極其有限的人力，充分發揮高效能的團隊精神，合作無間，各司統籌策劃、協商研擬、視覺設計等職掌，在精益求精的前提下，至望弘揚本校實踐大學的校譽，具體落實出版機能。

實踐大學教務處出版組　謹識
民國 103 年 8 月

前言

2008 年年底，歐巴馬當選美國總統，民主黨重新獲得美國的執政權力。歐巴馬上任之後，開始檢討美國的對外政策，並且準備改變小布希執政時期的「反恐戰略」。歐巴馬認為「反恐戰略」不能成為美國主要的外交政策，美國的對外政策不能一直圍繞著「反恐戰略」行走，美國必須要改變，要著手進行調整。當然，這並不是意味著歐巴馬要立即將小布希的「反恐戰略」完全終止，而是要逐步調整。因此，逐步減弱「反恐戰略」在美國外交政策中的作用是必要的手段。

既然歐巴馬要改變小布希的「反恐戰略」，他要用什麼戰略或外交軸心來取而代之呢？歐巴馬提出了美國要重新回到亞洲，要重新領導亞洲，換言之，歐巴馬要將他的外交政策重點放在亞洲上來。當然，「重返亞洲」這樣的論述是禁不起簡單的質疑的，因為，美國在事實上從來就沒有離開過亞洲，何來重返亞洲之理呢？

基本上，歐巴馬政府提出這樣的宣告，針對性是很強的，換言之，歐巴馬的意思就是要遏制中國在亞太地區逐漸增長的

影響力，美國要重新奪回她在亞太地區的地盤。只是，一個國家的對外政策論述是不能夠如此的赤裸裸，所以，採用迂迴的表述法。然而，即使是迂迴的表述法，所有的明眼人卻是看得很明白，因此，亞太地區的相關國家都打著自己的盤算，也都在應對著美國外交政策的調整，加緊的為自己爭取更多的利益。因此，隨著美國逐步落實她的重返亞太戰略，更多的矛盾和衝突不斷的發生和發展，就不足為奇了。

　　這些被美國有意激活的矛盾和衝突，將給亞太地區的權力結構帶來許多的挑戰和變化，而這些變化並不會完全都照著美國原先打的盤算走下去。事實上，更多的時候是與美國原先的規劃和預期的效果的方向相反，美國也就因為新情況的產生，而做出政策性的調整，這些政策的調整又有了新的應對措施，雙方或多方，也就是利益的攸關方在這樣不停的相互作用下，亞太地區的權力結構發生了新的變化。

　　這個課題相當值得我們重視，因為，我們是亞太地區的一分子，亞太地區權力結構的變化當然會對我們的生存和國家發展利益產生深刻的影響，因此，釐清新的亞太地區權力結構有助於我們政策的應對選擇，對國家生存和發展有著密切的關係，這就是，本研究的主要目的。

　　進行這項研究，我們選擇戰略研究途徑作為切入點，透過相關國家決策者的戰略選擇和相對應國家的應對決策選擇以及其相互作用，我們可以觀察到亞太地區權力結構的改變過程。

目　次

前　言 iii

第一章　歐巴馬上任前美國在亞太地區的處境 1

　　第一節　柯林頓為小布希創造出單邊主義的基礎 2

　　第二節　小布希的單邊主義和反恐戰略的代價 8

第二章　歐巴馬上任後對美國中東政策的省思 15

　　第一節　盡速從伊拉克和阿富汗撤退的方法就是增兵伊拉克
　　　　　　和阿富汗 16

　　第二節　中國大陸在亞太地區影響力的浮現 19

　　第三節　日本經濟地位的被取代對美國產生的震撼 22

第三章　美國推出「重返亞太」戰略的發展過程 27

　　第一節　美國評估的戰略環境與戰略理念 29

　　第二節　美國重返亞太戰略內涵 33

　　第三節　美國重返亞太戰略的宣示進程 37

第四章　美國重返亞太戰略的執行 41

　　第一節　美國戰略目標的設定與戰略布局 43

　　第二節　政策部署 50

　　第三節　美國的亞太軍事部署 62

　　第四節　增強軍事演習　擴大同盟國的範圍 68

第五章　亞太區域相關國家對美國重返亞太戰略的應對措施 75

　　第一節　東亞地區 76

　　第二節　東南亞地區 89

第六章　面對美國的攻勢作為中國大陸的反應 95

　　第一節　從韜光養晦到國防科技實力展示 96

　　第二節　中國大陸對東海和南海的主權爭議展開針鋒相對的
　　　　　　鬥爭 110

　　第三節　中國大陸新一代領導人的全球外交 115

第七章　中美關係從對抗為主到既對抗又合作的轉變 125

　　第一節　美國的攻勢作為──歐巴馬的內外交困 126

　　第二節　美國調整重返亞太戰略的內涵 129

結　論　亞太權力結構正在進行重新組合 137

第一章　歐巴馬上任前美國在亞太地區的 處境

　　從 2001 年 9 月起，「反恐戰略」支配著美國的對外政策，所以，在歐巴馬上任以前，美國主要軍力被困在中東地區，動彈不得。除了兵力以外，用在中東地區的戰事支出費用占國防預算比重相當龐大，如此的資源運用當然會產生排擠的效應，對於美軍新一代國防科技的研發計畫產生了相當程度的影響。

　　然而，美軍之所以被困在中東地區，主要還是因為小布希政府所採用的「單邊主義」和「反恐戰略」所致，小布希之所以能夠推出長期的「反恐戰略」和作為，卻是民主黨的柯林頓總統為小布希所創造的充分的條件。所以，要瞭解小布希的「單邊主義」和「反恐戰略」的提出，就有必要先認識清楚柯林頓任內為美國留下了的政績。

1

第一節　柯林頓為小布希創造出單邊主義的基礎

　　1992 年，柯林頓在民主黨都不看好的情形下贏得黨內初選，並且順利的擊敗老布希總統，入主白宮。當時的老布希總統剛剛取得 1990 年波灣戰爭的勝利，這個戰爭的勝利並沒有能夠在他繼續尋求連任時助他一臂之力。

　　在柯林頓就任前夕，老布希政府預估，到了 1997 年，美國政府的財政赤字將從 2370 億美元增加到 3050 億美元。面對這樣的財政惡化，柯林頓在他的第一次發表國情諮文演說的時候，就立下誓言，要在四年內將美國政府的財政赤字降低一半，當時大家覺得這個誓言有點不切實際。然而，柯林頓的確做到了，他所提出的目標不僅提前達成，而且在 1998 年的時候，他已經成功的將美國財政收支由虧轉為盈，這是美國歷史上最偉大的成就之一。根據《富比世》雜誌的評估，柯林頓在削減政府財政赤字、提高國民就業率、降低失業率、增加每人平均年收等方面的排名，為第二次世界大戰後歷任總統表現最佳的，人民對他的經濟成就都給予高度的信心與肯定。

　　除了經濟表現亮麗，財政收支大有斬獲之外，柯林頓在外交的表現上也相當亮眼。柯林頓不但有效的使得美越關係走向正常化、他也成功的調解波士尼亞的紛爭、他還呼籲國際社會應該聯手對抗防禦恐怖主義、限制大規模殺傷性武器的擴散、他也協助北愛爾蘭在追求獨立的過程中走向和平進程等等，這些外交作為使他成為一位優秀的協調者，從而使美國在世界上居於不可動搖的領導地位[1]。

　　總體上來說，柯林頓的八年執政時期使得美國的「家庭平均收入增加了 7500 美元，他還提供了 2200 萬個就業崗位[2]。」

　　如此高速度的經濟成長和大幅度降低美國財政赤字，使得美國的國力大為增加，如果我們依據當時的總體國力來做一比較，柯林頓在 2000 年卸任美國總統，並將美國交給共和黨的小布希的時候，美國這樣的一個國家，她的總體國力已經超過俄國、中國大陸和歐盟等的總和。這樣強大的美國就給小布希創造了可以走「單邊主義」的充分條件。

　　根據德國社會學家同時也是哲學家的齊美爾（Simmel Georg, 1858~1918）的二對一理論（two against one），也就是三角小群體間的「既聯合又鬥爭理論」，在 A、B 和 C 三方之中，如果有

---

[1]　http://forums.chinatimes.com/report/mylife/93090102.htm

[2]　http://big5.china.com.cn/news/txt/2008-10/10/content_16596813.htm

一方的力量超過其餘兩方力量的總合時,這一方將不會採用聯合他方的策略,基本上,他會走向單邊主義[3]。

所以當美國的國力大於歐盟、中國大陸和俄國等的總和時,小布希認為美國在國際社會上的作為應當要與其國力相當,因為這是歷史上留給美國最好的時機,也就是所謂的難得的機遇期。所以,美國必須要趁著俄國尚未復甦,中國大陸也還沒有能夠崛起到成為世界大國之前,去搶占地緣政治和地緣戰略上最為重要的位置——中亞,這是一塊美國的軍事力量在當時仍然無法進入,也是唯一一塊尚未能進行軍事部署的權力地帶,這個地帶受著俄國和中國大陸,主要是俄國的制約,也就是說是屬於俄國的勢力範圍。

2001 年發生的 911 恐怖主義攻擊事件提供給美國去攻打阿富汗的正當性,也成為美國能夠獲得聯合國安理會授權出兵的必要條件,即使小布希提出的理由有點牽強[4],但是由於美國是國際恐怖主義攻擊的受害國的角色,加上她表現出相當強勢的作為,因此,於同年 9 月 20 日,在美國國會召開的聯合會議上,

---

[3]   http://baike.baidu.com/view/19827.htm?tp=1_00 百度百科。

[4]   After 9/11 the phrase described the policy that the United States had the right to secure itself against countries that harbor or give aid to terrorist groups, which was used to justify the 2001 invasion of Afghanistan. http://en.wikipedia.org/wiki/Bush_Doctrine

小布希要求世界上所有的國家應當選邊站，不是加入美國這邊，就是加入恐怖主義那一邊[5]。

美國發動的阿富汗戰爭，軍事行動上進展相當的順利，隨著軍事上的成功，使美國的軍事力量能夠順理成章的進入中亞地區，這一重要的地緣戰略的要地。由於阿富汗對俄國的南疆安全和中國大陸的西側區域的安全具有相當重要的牽制性功能，所以，美軍如果能夠在這個地區建立起足夠完整的軍事基地，未來即使俄國重新復甦了，中國崛起成為世界大國了，她都能夠提供美國有效的軍事力量對這兩個大國造成牽制作用。除此之外，美國如果能夠打下阿富汗，也就為美國創造了進軍伊拉克、敘利亞和伊朗等支撐點。所以，如果能夠再拿下伊拉克，這樣對伊朗就形成了東西夾擊的包圍態勢，這是非常有利於快速解決伊朗戰局的戰略部署。

從 2002 年起，美國和英國這兩個國家的領導人就開始為炮製一個莫須有的罪名作準備，他們打算開始對伊拉克動武了。這是因為當時伊拉克的海珊作了兩項重大的政策，而這兩項重

---

[5] We will pursue nations that provide aid or safe haven to terrorism. Every nation, in every region, now has a decision to make. Either you are with us, or you are with the terrorists. From this day forward, any nation that continues to harbor or support terrorism will be regarded by the United States as a hostile regime. http://en.wikipedia.org/wiki/Bush_Doctrine

大政策對美國和英國將會產生不利的影響。海珊當時決定將伊拉克四塊最大的油田分別和德國、法國、俄國和中國大陸合作開採，他認為提供給這四大強國足夠的石油，長期下來將會削弱美國和英國的影響力，何況，在政治上，法國、俄國和中國大陸是安理會的常任理事國，如果美國要透過安理會對伊拉克動武，這三個國家都會反對，如果美國想透過北約對伊拉克動武，德國和法國不會讓北約通過對伊拉克使用武力的決議案。除了油田分別與德、法、俄、中合作開採之外，海珊打算採用歐元作為其石油輸出的交易貨幣，當時伊拉克是全球前幾大石油輸出國，如果與伊拉克有石油貿易往來的國家都使用歐元作為交易貨幣，這將對美元的國際地位構成嚴重的打擊，所以，海珊使用的是石油和貨幣的不對稱戰爭方式來對付美國和英國。這種戰爭方式是不會違反聯合國憲章和國際法的，但是卻對美國和沒有加入歐元的英國會造成不利的影響。

為了對伊拉克動武，美國和英國必須製造動武的正當性，所以，她們開始炮製伊拉克的海珊擁有大規模殺傷性武器的假情報，她們指控海珊擁有核武器，當然海珊是否認的，因為，海珊的確沒有擁有核武器，美國也很清楚知道海珊沒有擁有核武器，如果海珊擁有核武器，美國就不敢去攻打伊拉克了。聯合國的原子能機構也應了美國的要求，再三的到伊拉克去進行

幾乎是地毯性的調查，最後確認，海珊沒有擁有核武器。但是，美國小布希總統和英國的布萊爾首相在白宮的草地上召開的記者會上，聯合上演了一個假情報劇。

由於美國和英國所提供的證據是如此的薄弱，理由是如此的牽強，甚至拒絕她的同盟國法國和德國的要求，她們要求要一起共同的見證她們所認為的證據，更何況是俄國和中國大陸，美國當然也拒絕提供任何證據。這些虛假的情報當然騙不過德、法、俄、中，以致她們對伊拉克動武的提議無法獲得北大西洋公約組織一致性的通過，也無法獲得聯合國安全理事會的同意。面對國際社會的反彈聲浪，和其同盟國的質疑聲音，這兩個國家領導人決意繞過北約和安理會，片面的對伊拉克發動戰爭。如此粗魯藐視國際社會和違反國際法的行為造成歐洲的分裂，也使美英兩國受到國際社會的嚴重譴責，美國失去了正義的形象，成為 21 世紀的新帝國主義。

在軍事行動方面，美國採取「速戰速決」的戰略方針，必須要在夏天來臨之前，結束戰爭。夏天的伊拉克，氣溫將會上升到接近攝氏 50 度左右的高溫，炎熱的夏天對美軍淡水的補給簡直是一場惡夢，背負著 50 公斤重軍事裝備的美國士兵，在近攝氏 50 度下作戰，如果不能夠即時的將所需的飲水送到戰士手中，戰士的身體和行動將會受到非常大的限制。在未獲得聯合

國安理會和北大西洋公約組織批准和授權之下，美國只能依靠英國、澳大利亞和日本等國的支持，這些支持行為是違背國際公理和國際正義，但是國際間的強權政治不正是如此嗎？

以美國為主導的對伊拉克的侵略戰爭進行得非常順利，她們以一個月的時間，從 2003 年 3 月 20 日到 4 月 19 日，只投入約 13.5 萬人左右的軍力和不到 200 人死亡的代價，擊潰了伊拉克的所謂 60 萬的正規軍隊和 300 萬後備部隊。戰爭以海珊及其同僚紛紛被逮捕結束，當然海珊最後被處以絞刑，伊拉克的遜尼派政權瓦解了，什葉派在美軍的支持下掌握了伊拉克的政權。美國在伊拉克的軍事行動是成功的，但是隨之而來的治理卻遇上嚴重的麻煩。

第二節　小布希的單邊主義和反恐戰略的代價

從 2001 年 10 月開始，美國花了近十年的時間來進行反恐戰爭，這場國際反恐戰爭的代價是十分昂貴的，但是實際上的成效並不理想。成效的不理想表現在兩個方面上：有形的和無形的，除了有形的物質損失以外，無形的損失更是難以計算。

例如，2003 年的攻打伊拉克使美國失去戰爭正義性的要件，造成美國和德國與法國間的決裂，北約也產生了分裂，歐盟也產生分裂，美國與傳統盟國間的關係、歐洲的國家間的關係都受到嚴重的損害。美國和歐洲在第二次世界大戰之後所建立起來的自由、民主、正義、人權等價值受到嚴重的侵蝕。美國在國際間正義的形象日漸低落，美國價值不再具有吸引力，美國逐漸失去世界唯一的領導地位。

除了歐洲、北約的分裂以外，伊拉克的統治者海珊的遭遇帶給另一些小布希口中的所謂「流氓國家」領導者異常重大的教訓。海珊之所以會被處死正是因為沒有擁有核子武器，像朝鮮這樣的國家，公然宣布已經擁有核子武器，美國就不敢對她動武。所以，海珊的下場提供給朝鮮的教訓是要更加的發展核子武器，帶給伊朗的啟示是要盡可能的擁有核子武器，所以，從 2005 年起，許多證據顯示伊朗正在加緊提煉製造核武器所需要的核濃縮鈾原料。伊朗的發展核武器，會給以色列帶來安全上的重大壓力，這又將迫使以色列必須在伊朗尚未完成核武器之前，將伊朗的核設施予以摧毀，但是如果以色列貿然的對伊朗進行軍事行動，又將會給中東地區帶來更大的災難，中東問題和東亞問題都因著核武器的發展而動盪不安，這些都是無形的損失。

在有形損失方面，截至 2011 年的統計，在整個這些反恐的戰爭中，共計約有 22.5 萬人死亡，約有 36.5 萬人身體受到傷害。其中有超過 6000 名的美國軍人和 2300 名美國承包商失去生命。在美國盟友方面，包括新組建起來的伊拉克政府和阿富汗政府的安全部隊和其他合作夥伴，他們的死亡人數總計超過 2 萬人。至於阿富汗和巴基斯坦的軍人和員警陣亡的人數可能要更高於這一數字。總之，據估計，在阿富汗和伊拉克兩國內其平民百姓的傷亡至少就有 13.7 萬人。

在財政支出方面，如果按 2011 年的美元定值來計算，美國聯邦政府直接用在阿富汗戰爭和伊拉克戰爭的費用大約在 2.3～2.6 萬億美元之間。如果將美國政府用在更廣泛的全球反恐戰爭中的撥款、美國政府為從阿富汗和伊拉克退役的退伍軍人所承擔的花費、未來作戰的可能開銷以及退伍軍人及其家人等，將要支付的社會成本都計算在內，這些戰爭的花費將在 3.7～4.4 萬億美元之間。

如果從社會醫療等支出來加以計算，美國研究員琳達·比爾曼斯認為：「自 2001 年以來美國已為退伍軍人的醫療護理和殘疾津貼耗費了 313 億美元。到 2010 年 12 月，已有 125 萬服役人員從伊拉克和阿富汗回國。許多人在某些方面受到創傷或傷害——超過 9 萬人傷害嚴重，甚至需要從戰場醫療後送。更多

的人受到從腦損傷到喪失聽力等其他傷害。到目前為止，有 65
萬從伊拉克和阿富汗退役的軍人在退伍軍人事務部的各種醫療
機構接受治療。這些退伍軍人中有近 50 萬人因在服役期間持續
的或惡化的傷害正接受退伍軍人事務部的補償金。但是，美國
政府對退伍軍人所應承擔的責任在戰爭結束後還將繼續承擔。
曾被派往阿富汗和伊拉克戰場的服役人員，在他們的餘生中，
他們有資格享受免費或津貼醫療。此外，在他們之中，有相當
大比例的人因戰時服役造成身體、心理殘障，符合接受永久性
殘疾補償金和其他津貼的條件。參加目前戰爭的退伍軍人還有
資格接受退伍軍人事務部以外的其他政府機構提供的一定的教
育、住房、培訓等津貼。

　　戰爭的未來代價包括：為退伍軍人醫療和殘疾支出的直接
預算費用，這筆費用大約在 40 年內達到高峰值；對沒有被退伍
軍人管理局或其他政府機構包括社會保險所覆蓋的退伍軍人及
其家人進行護理，未來可能會產生更難以計算的經濟成本。從
伊拉克和阿富汗退伍的軍人正在利用退伍軍人事務部的醫療服
務，並申請殘疾津貼，與早前戰爭相比，其比例更高。基於目
前的津貼申請和醫療使用的模式，估計未來 40 年為從伊拉克和
阿富汗退伍的軍人支出的此類費用總現值將會在 6000 億美元到

1 萬億美元之間[6]。」等於美國政府每年都要額外編列 150 億美元到 250 億美元的預算。

　　基本上，美國的退伍軍人及其家人的失業、喪失生產能力、護理精神病患者所支付的社會成本一般都沒有納入戰爭成本的計算項目。但是，正如美國的研究員斯蒂格利茨和比爾曼斯所作的研究報告顯示，他們相信這些是實實在在的戰爭成本。而這些戰爭的經費幾乎全部依靠聯邦政府向外借款和融資，聯邦政府的借款和融資使得美國國債增加了 1.3 萬多億美元。美國政府為了在阿富汗和伊拉克進行戰爭的舉債，根據美國研究員賴安‧愛德華茲的研究，他認為戰爭的確刺激了美國的經濟發展，使美國經濟增長了約 0.9 個百分點，但是新增加的國債也帶來了若干宏觀經濟的影響，包括使美國的銀行利率提高了約 0.3 個百分點，這又使美國政府的償債負擔更重。基本上，從 2001 年到 2011 年的戰爭債的利息可以採用不同的設定條件來計算。賴安認為他們的估算顯得比較保守，因為他們採用的是國會研究服務處 2011 年全年的戰爭支出數額作為參考數值。如果將利率上升的數值計算進去，得到的數值就會不一樣。賴安推出的結論：如果按現值美元計算，戰爭舉債融資已支付了 1770 億美元的利

---

[6] 《環球視野 globalview.cn》第 464 期，摘自 2011 年第 9 期《國際資料資訊》）
http://www.globalview.cn/ReadNews.asp?NewsID=29232

息，但是如果按定值美元來計算，則為 1850 多億美元利息，兩者之間就差了 80 億美元的利息開支。但是，如果我們將這些開支與戰爭的全部開支進行比較，僅從這些利息支付來看，它們的數額看起來不是很大，但是這卻超過了當時的財年，美國國防部對阿富汗和伊拉克戰爭的預算費用。假定正式撤軍後美國繼續花更多的錢用於戰爭和其他軍事行動，賴安估計到了 2020 年，美國聯邦政府僅僅是利息的支付就可能要超過 1 萬億美元。當然，準確的戰債利息支付數量取決於未來幾十年內的政治抉擇和經濟狀況。

　　軍事開支和債務的大量增加對利率、就業和投資還帶來了其他顯著影響。海蒂・加勒特－佩爾蒂埃指出，美國的軍事開支無疑的會增加與軍事相關領域的就業機會，在其他領域裡也會直接和間接地增加更多的工作機會。同樣地，在過去十年間，對軍事基礎設施的投入增加了，然而由於受到財務資源配置的制約，過去十年間，美國政府對非軍事用途的公共基礎設施和資產的總投入就明顯的不足，這些投入沒有與維修和投資需求保持同步發展，他們稱這個現象為「基礎設施赤字」。由於對公共資產的投入會提高私營部門的生產力[7]，因此，當聯邦政府對

---

[7]　《環球視野 globalview.cn》第 464 期，摘自 2011 年第 9 期《國際資料資訊》http://www.globalview.cn/ReadNews.asp?NewsID=29232

公共資產的投入不足就無法提高私營部門的生產力，也就無法
創造新的就業機會和活化經濟發展。

第二章　歐巴馬上任後對美國中東政策的省思

　　歐巴馬競選美國總統的主要政見之一，就是要從伊拉克和阿富汗撤軍，因為，歐巴馬認為美國投入在伊拉克和阿富汗的戰事太長了，戰事的時程已經長到拖垮美國的經濟發展，從而也影響了美國在全球的超級大國地位。

　　就在美國繼續糾纏於阿富汗和伊拉克的長達八年間無休止戰事之際，中國大陸的經濟維持高速度的增長，因此，當美國面對中國大陸的快速崛起、俄羅斯的復甦和其餘金磚的新興國家國力的不斷增強的時候，歐巴馬認為必須盡快的從伊拉克和阿富汗的泥沼中脫身而出，儘管伊拉克和阿富汗的亂局和政治上的失序是美國一手造成的，這兩國人民生活於痛苦和看不見未來幸福的深淵之中，歐巴馬只想繼續保有對這兩個國家的政治和軍事的影響力和利益，對於前述的政治、經濟和社會的失序，歐巴馬卻想拍拍屁股一走了之。

第一節　盡速從伊拉克和阿富汗撤退的方法就是增兵伊拉克和阿富汗

　　但是就如何能夠盡速的從伊拉克和阿富汗的反恐戰事中脫身，又不能傷到美國的國際形象和繼續保有美國在這些地區的國家戰略利益，這些課題困擾著美國，更被擺在歐巴馬的橢圓辦公桌上，非常的棘手，但是要立刻處理。

　　2008 年，剛接任美國總統的歐巴馬相信小布希時代的國防部長蓋茨的判斷力也接受他的主張。蓋茨認為阿富汗的塔利班武裝力量經過美國多年的追剿，已經苟延殘喘，只剩下最後一口氣。所以，為了要能夠盡速的從阿富汗撤軍，就必須盡快的徹底消滅塔利班武裝力量，因此，只要美軍再度的增兵阿富汗，就可以有效的消滅阿富汗的塔利班武裝集團，快速的解決阿富汗的問題，如此，當然就可以達到盡速從阿富汗撤軍的目的。所以，蓋茨認為盡速從阿富汗撤軍的最佳方案，就是增兵阿富汗。

　　為了達成從阿富汗盡速撤軍的這個目的，即使當挪威的諾貝爾和平委員會，於 2009 年 10 月 9 日，決定將當年度的諾貝

爾和平獎頒給歐巴馬，以表彰他主張撤軍阿富汗，並且期待歐
巴馬能夠兌現競選承諾的時候，歐巴馬仍然毅然決然的宣布將
增兵 2 萬 1 千人赴阿富汗作戰。歐巴馬的這項宣布，對諾貝爾
和平委員會成員的決定而言，無疑的是當頭棒喝，是相當諷刺
的。因此，當歐巴馬，於 2009 年 12 月 10 日，在挪威首都奧斯
陸領取諾貝爾和平獎的時候，「他坦承自己以戰時總統身分獲頒
和平獎是有爭議的」。在這個時候，他援引了「義戰」的觀念為
自己的決策辯護，他強調當發動的戰爭是必要且符合正義時，
美國就必須採取行動，保護世界免於恐怖和極端主義的威脅[1]」。
歐巴馬的演說掩蓋不了強詞奪理，理不直，氣虛的現實。

　　美國增兵之後的阿富汗戰事進行得並不順利，不如當時的
美國國防部長蓋茨的預估那樣，蓋茨原本預估增兵之後的美軍
能夠有效的消滅或壓制住塔利班組織，但是情況常常跟預期的
相反。塔利班組織成員的作戰意志仍然相當頑強，在同美軍的
軍事對抗中表現得仍然十分強悍，美軍雖然擁有兵力數量和武
器裝備上的絕對優勢地位，塔利班組織的人數和武器裝備是十
分落後，在完全沒有空中支援和人造衛星的援助之下，美軍和
塔利班雙方的激戰異常慘烈，雖然塔利班組織受到美軍非常嚴

---

[1]　歐巴馬領和平獎　為增兵辯護　自由時報電子報　2009.12.11　http://www.
libertytimes.com.tw/2009/new/dec/11/today-int1.htm

重的打擊，但是美軍卻沒有能夠使他們屈服或投降。相對的，相較於過去，美軍的傷亡卻也快速增加，美軍傷亡人數的快速增加給歐巴馬帶來極大的政治壓力，面對國際和國內反戰力量的壓力，歐巴馬對蓋茨的信心開始動搖了，換言之，歐巴馬逐漸的不相信美國駐守在阿富汗的軍隊有能力徹底的消滅塔利班組織和蓋達組織。

因此，當蓋茨提出要繼續對阿富汗進行第二次增兵的時候，歐巴馬的不安表現得越來越為明顯，歐巴馬對自己要作出再次增兵阿富汗的決定，顯示出沒有那麼大的信心。除此之外，歐巴馬對美國駐軍阿富汗的軍事領導人的軍事才能和指揮作戰的能力也越來越不信任，他不認為美國駐守阿富汗的軍事領導人能夠完成賦予他們的任務。美國前國防部長蓋茨在他的回憶錄中證實了這一點，他說：「歐巴馬認同他對阿富汗的決策，但稱他對承襲自布希政府的伊拉克與阿富汗戰事感到不安，並且不信任給他出謀獻策的軍部。」

此外，蓋茨在回憶錄中也談到一場在 2011 年 3 月的會議，蓋茨說：歐巴馬不信任當時派駐在阿富汗部隊的總指揮官彼得雷烏斯將軍，歐巴馬也受不了阿富汗總統卡爾扎伊。蓋茨認為，歐巴馬「不認為這是他的戰爭」；「對於他來說，眼下最重要的就是盡快脫身」。蓋茨認為，歐巴馬對與阿富汗戰爭並沒有多少

信心。「（他）就算不是深信，至少也是懷疑這場戰爭會輸。」
即便如此，在 2011 年中期，在與蓋茨以及其他高級顧問討論數
月後，歐巴馬還是決定將阿富汗駐軍增加 3 萬人。蓋茨在他的
書中對此評論說：「我從未懷疑過歐巴馬對軍隊的支持，我懷疑
的僅僅是他對軍隊任務的支持[2]」。

　　歐巴馬想從阿富汗撤軍的目的服從於一個更大的戰略，就
是要能從阿富汗撤軍又完全保有美國在阿富汗的政治和軍事等
戰略利益，歐巴馬相信美國前國防部長蓋茨的主張，也就是繼
續增兵阿富汗，可是，增兵後卻又一直無法解決的阿富汗戰事
綁住了美軍的一大部分軍力和軍事費用，使在中東的美軍無法
被調度到亞洲來，這就影響歐巴馬政府新戰略的執行和部署。

第二節　中國大陸在亞太地區影響力的浮現

　　從 2007 年 8 月 9 日就已經開始浮現的美國金融危機，到 2008
年 9 月間引爆成為全球的金融海嘯，全球絕大多數國家的經濟

---

[2]　美國前防長蓋茨批評歐巴馬阿富汗戰略，2014 年 1 月 8 日，http://www.bbc.co.uk/
　　zhongwen/trad/world/2014/01/140108_us_gates_obama.shtml

發展都受到嚴重的打擊。美國是全球金融危機的肇事者，她傷害了全球的經濟發展，當然也傷害到自己的經濟。就在全球大部分國家都在哀嚎的時候，唯有中國大陸一枝獨秀，中國大陸的經濟發展仍然出現 9%的經濟成長率，「根據 IMF 的最新估計，2008 年世界經濟增速平均 3.7%，其中發達經濟體增長 1.4%，新興和發展中經濟體增長 6.6%，所以中國 9%的增長率依然是一枝獨秀。有人曾經做過計算，2008 年因為中國經濟在困難中保持了 9%的增長，對於世界經濟增長的貢獻超過 20%[3]。」

到了 2009 年，中國大陸的經濟仍然呈現出 11%的高速度成長，不但趕上日本，顯而易見的未來將會很輕鬆的超越日本的經濟規模，成為全球第二大經濟體。根據統計資料，2009 年中國大陸的 GDP 的總額已經達到 4.985 萬億美元。中國大陸取代日本成為亞洲新的第一大經濟體，同時成為全球第二大經濟體，中國大陸經濟的崛起對亞太地區的權力結構帶來了根本性的變化。根據野村證券（Nomura Securities）首席亞洲經濟學家蘇帕曼（Rob Subbaraman）的觀點，他認為日本這個曾經是亞洲第一大經濟體的國家，以往擔負著推動亞洲，除了中國大陸之外，其餘地區的經濟發展動力。現在，這種經濟發展趨勢已

---

[3] 中國經濟 2008 年對於世界經濟增長的貢獻超過20% 2009 年 01 月 22 日 10:40:00 來源：新華網 http://news.xinhuanet.com/video/2009-01/22/content_10701211.htm

經轉向了，中國大陸的經濟規模更大，她正在成為一種影響著包括日本在內亞洲其他地方的強大勢力，換言之，中國大陸成為推動全亞洲經濟發展的動力，這就是新的權力結構的表現。

蘇帕曼認為「從某些指標上看，中國大陸的經濟總產出已經上升到僅次於美國的水準。成為第二大經濟體後的中國大陸，將凸顯『中央王國』在 18 世紀失去的亞洲軍事、科技和文化強國地位過後一直未曾享有的一種輝煌。中國的出口額、汽車購買量和鋼鐵產量已經位居世界第一，它的全球影響力正在與日俱增。從美國底特律的汽車生產商，到巴西的鐵礦石生產商，他們的財富都取決於中國消費者和企業的支出。財富的增加也帶來了政治上的影響力：來自中國的壓力，幫助發展中國家在世界銀行（World Bank）和國際貨幣基金組織（International Monetary Fund）贏得了更大的發言權[4]。」

中國大陸扮演著全球經濟推動者的角色，同時也常常給世界銀行和國際貨幣基金組織的決策層施加壓力，由於這兩個組織長期以來都由美國和歐盟國家操控著，中國大陸隨著在這兩個組織占有的股份越來越大的情況下，不斷要求要改變組織章程，改變決策權的選拔程序，替發展中國家發言，指責這些操

---

[4]　http://baike.baidu.com/view/2056323.htm#2_5

控這兩個基金組織的歐美國家，不公平的對待發展中國家，這些都給這兩個基金組織操控者帶來許多的壓力，中國大陸在亞太區域的影響力和權力結構產生很大的變化，這些變化，在美國政府的眼中，很不是滋味，他們一直在構思如何對抗中國在亞太地區的發展。

第三節　日本經濟地位的被取代對美國產生的震撼

在第二次世界大戰還沒有結束前，德軍和日軍已經呈現強弩之末的時候，也就是在第二次世界大戰的末期，美國總統羅斯福就開始在籌劃二次世界大戰之後的國際新秩序。羅斯福當時主要的戰略構想是，如何使德國和日本這兩個第二次世界大戰的發動國、侵略國和戰敗國，永遠不能夠再具備有能力和機會去危害世界。所以，徹底的解除日本的武裝力量，消除日本的國防科技能力，將日本的統治區域限縮在傳統的四個島嶼，為日本制定一部非戰憲法，以憲政體制來保證日本永遠不能夠

再以武力作為解決國際爭端的手段，成為美國必須施加在日本上面的重要措施。

　　所以，1943 年 11 月在由美國、英國和中國領導人出席的開羅會議上，美國總統羅斯福主張要把琉球群島的宗主權交還給中國，但是遭到蔣介石的拒絕，蔣介石的這項錯誤決策給我們後世和與日本之間的關係帶來了許多的麻煩。1945 年 7 月 17 日，美、英、蘇三國首腦在柏林近郊波茨坦舉行會議，會議期間發表對日最後通牒式公告。由美國起草，英國同意。中國沒有參加會議，但公告發表前徵得了蔣介石的同意。蘇聯於 1945 年 8 月 8 日對日宣戰後加入該公告。波茨坦公告共有 13 條，主要內容有：盟國將予日本以最後打擊，直至停止抵抗；日本政府應立即宣布所有武裝部隊無條件投降；重申《開羅宣言》的條件必須實施，日本投降後，其主權只限於本州、北海道、九州、四國及由盟國指定的島嶼；軍隊完全解除武裝；戰犯交付審判；日本政府必須尊重人權，保障宗教、言論和思想自由；不得保有可供重新武裝作戰的工業，但容許保持其經濟所需和能償付貨物賠款之工業，准其獲得原料和資源，參加國際貿易；在上述目的達到、成立和平責任政府後，盟國占領軍立即撤退。1945 年 8 月 14 日，日本天皇宣布接受波茨坦公告，向盟軍

投降[5]。事實上，波茨坦公告對琉球群島的歸屬作了補救措施，可惜後來因為美蘇兩大集團的對抗，美國作了違反波茨坦公告的行為，也給兩岸和日本之間關係的正常化帶來非常難解的難題。

第二次世界大戰結束之後，麥克阿瑟就開始執行全面性的解除日本的武裝力量，除了從軍事上解除日本的武裝力量之外，麥克阿瑟也從憲政制度上著手，他主導了日本新憲法的修改工作，其目的是建構一個能夠有效制約日本，使日本永遠不能再有權利去發動戰爭的憲政體制。

經由盟軍最高司令官總司令部（General Headquarters, GHQ）草擬的憲法草案，在透過與日本方面的討論和修訂後，新的《日本國憲法》於 1946 年 11 月 3 日公布了，並且於隔年也就是 1947 年 5 月 3 日起開始施行。新憲法一旦開始實施當然舊有的《大日本帝國憲法》就同時失效了。1947 年的日本新憲法確立了日本從此走向非戰憲法的立國精神，日本失去建構國防軍的權利，只能建構一支防衛用的自衛隊。

新憲法實施沒有幾年，爆發了朝鮮戰爭，這 1950 年起的朝鮮戰爭改變了美國的地緣戰略思維，當然也就改變了美國與日本之間的關係。1951 年 4 月 28 日，美國與日本在美國舊金山簽

---

5 http://baike.baidu.com/view/78914.htm?fromtitle=%E6%B3%A2%E8%8C%A8%E5%9D%A6%E5%AE%A3%E8%A8%80&fromid=1990707&type=search

署了《舊金山和約》，美日兩國同時也簽訂了《美日間安全保障條約》，正式的建立了軍事同盟關係，依據這個軍事同盟關係，原先代表同盟國的美國軍隊則結束在日本的軍事占領關係，並且轉型成為防衛日本和支援韓國作戰的駐防日本的美國軍隊。

朝鮮戰爭結束後，美國更為加強與日本和韓國的軍事同盟關係，但是美國更加看重日本的地緣戰略地位，所以，於 1960 年 1 月 19 日，美國和日本簽訂了新的安全保障條約，這就是今日的《美日安保條約》。從這個時候起，日本成為美國在亞太地區的重要盟友，日本的外交政策幾乎可以說也一直亦步亦趨的配合著美國的步調，因此，當日本的經濟是亞洲經濟成長的動力，日本對亞洲國家的影響力就會有助於美國對亞洲國家的影響力。對於美國而言，聽話的日本就像美國放在亞洲的一股重要的力量，也就是美國在亞洲的一翼，重點在於美國必須確保日本會聽她的話，接受美國的領導和軍事指揮。

美國在日本的軍事部署是為了協助日本有效的對付蘇聯和中共，當美國改變戰略，在尼克森總統時代轉變為聯中制俄的時候，中國大陸成為美國的策略上的盟友，美國就聯合北約相關國家去協助中國大陸的軍事科技的發展，等到蘇聯集團崩解，美蘇對抗的冷戰結束之後，中國大陸失去戰略上的利用價值，美國就轉過頭來對抗中國大陸，日本成為美國在對抗中國

大陸重要的側翼。所以,當日本的經濟地位被中國大陸所取代
的時候,中國大陸成為推動亞洲國家經濟成長的動力,亞洲國
家對中國大陸的經濟依賴越大,中國大陸對亞洲國家的影響力
也就越大的時候,日本在亞太地區地位的衰退等於是美國在亞
洲地區力量的衰退,這就嚴重的影響到美國在亞太地區的戰略
利益。因此,眼看著日本在亞洲的經濟地位都可以這麼容易和
快速的被中國大陸所取代,未來美國在亞洲的經濟地位和影響
力也可能被中國大陸所取代,所以,為了繼續維護美國在亞太
地區舊有的利益,美國必須想方設法重新奪回對亞洲國家的領
導權。

第三章　美國推出「重返亞太」戰略的發展過程

　　歐巴馬上任之後，依據前面所陳述的情況，重新檢討和評估國際間的情勢，並且重新設定美國的國家戰略。在面對傳統的敵人俄羅斯方面，歐巴馬認為俄羅斯復甦的進程相當緩慢，特別由於歐盟和北約東擴的進展相當的順利，所以，在安全和防務方面，歐洲明顯的處於相對穩定的局勢，然而，受到 2008年美國金融危機的影響和歐債所爆發出來的危機，歐洲地區的經濟發展呈現了遲鈍與消費力不足的現象。

　　亞洲部分就誠如我們前面的說明，中國大陸的快速崛起，帶動了許多亞洲的新興經濟體。反觀非洲，對歐巴馬來說，雖然他的父親是肯亞人，非洲政治情勢的動盪不安，欠缺巨大的石油利益，所以非洲引起不了他的興趣。觀察了歐亞非拉等洲的情勢之後，歐巴馬政府確認亞洲是當前和未來最為閃亮和強勢的經濟區域，亞太地區對美國的重要性油然而起，除了亞太新興經濟體的大量出現以外，美國在亞洲的經濟利益和政治利

益已因著中國和印度的快速崛起受到嚴重的挑戰，其中以中國大陸最關重要。

對於中國大陸而言，有許多西方的經濟政治專家在面對中國大陸這種持續性的長期的高速度經濟發展的現象認為這不正常，不符合西方的經濟發展經驗和依據西方的經濟經驗所累積下來的經濟學理論，不停的提出中國經濟即將崩潰的理論。有些投資基金則是一直提出未來印度將要取代中國，成為超越中國大陸的另一個超級大的新的經濟體，但是，事實的演進，中國大陸的發展並未如這些所謂經濟政治專家的預測或主觀的期待，陷入崩潰的現象，相反的，在整個歐美日等的經濟體長期的陷入困境的時候，中國大陸的經濟反向的繼續走向高速度的成長，面對這些情勢的發展，使得美國必須快速的調整她的戰略。

美國的戰略重心已經很清楚了，就是亞洲。美國必須轉變重歐輕亞、重中東輕亞洲的傳統外交政策，美國必須要在亞洲重新獲得對亞洲國家的支配權，要重新領導亞洲，這才符合美國的國家利益。然而，美國也將會發現，今日的亞洲已非往昔的亞洲，今日的美國也非往昔的美國，美國自己也估計，她對亞洲國家的影響力將隨著中國的快速發展成反向走勢。如何才能改變這一趨勢，如何才能遏制中國大陸的發展呢？如何才能

讓亞洲國家重新依賴美國呢？這個課題是美國建構其新戰略的核心問題。

第一節　美國評估的戰略環境與戰略理念

所有的戰略環境評估都是基於自己國家的地緣政治和地緣戰略特點來進行的，美國所面對的中國大陸的綜合國力結構跟前蘇聯幾乎完全不同，從 1978 年開始，鄧小平就為中共的國家發展方向，設定了三十年的改革開放路線。四個現代化，以經濟體制改革為核心，國防要服從並且服務於經濟的發展，走市場經濟的社會主義路線，也就是以市場經濟作為牽引的務實社會主義。從 1978 年到 2008 年，經過三十年的改革和開放，中國大陸已非昔日的蘇聯，中國大陸的發展路線與前蘇聯存在著巨大的差異，這些差異具體的表現在下列幾項：

例如中國大陸人口多，市場規模和經濟規模相對的較大，既然走改革開放路線，對於人才的培養，自然就不會局限在自己的國內。因此，中國大陸派遣或自費赴海外留學生數量很大，每年在美國高等院校深造的留學生，平均維持在 13 萬人左右，

這就為中國大陸輸入許多掌握有歐美自然科學和社會科學等高精知識的專門人才；在高科技人才絕對值方面，中國大陸每年約有 5000 萬的大學生，畢業生人數約為 800 萬人，其中成績前 1%的學生之中，約有 70%的優秀學生學習理工等相關科系，這就為中國大陸提供數量相當龐大的科技研發人才。相反的，在歐洲、美國和日本，成績在前 1%的相當優秀的青年學生當中，約 70%的學生學習 MBA 和法律，只有 30%的學生學習理工專業，這主要是因為，學習理工專業必須耗費更多的精力，但是所獲得的待遇無法與法律和 MBA 的畢業生相同。

另外，在國防與經濟的關係方面，鄧小平為國防費用占全國財政比定下了基本原則，也就是國防必須為經濟服務，國防的發展必須建立在經濟發展的基礎上，經濟優先，經濟發展起來了，再由強大的經濟力去支持國防的發展。因此，軍隊的規模必須大幅度的縮減，從原先的 600 萬部隊要縮減到 230 萬，部隊員額的縮減，大大的減少了人事成本的負擔。而在國防科技支撐經濟發展方面，鄧小平的經濟改革初期，國防科技必須扮演為民生工業注入新動力的角色，走「軍轉民」的政策，等到民生科技能力建立起來了，搶占了國內和國際的市場之後，再透過「民轉軍」，「軍民融合」的方式，同時發展民生科技工業和國防科技工業。這樣的國防科技與民生科技相結合的發展

戰略，配合以「國防生」的人才戰略，除了達到大大的提升操作高科技軍事武器和裝備的人力素質之外，中國大陸的國防科技也發生了「井噴」現象。

最後，中國大陸的經濟發展並非孤立於國際社會之外，相反的，她極力融入國際經濟體，鄧小平先是透過深圳、珠海、汕頭、廈門四個經濟特區經由香港和台灣向世界接軌之外，更發展為十四個沿海城市面向世界開放，到幾乎是全面性的對外開放政策。如今中國大陸已發展成為世界經濟發展不可或缺的重要組成部分，當時美國評估到 2025 年左右，中國大陸的GDP 將會超過美國，這就意味著世界各國與中共的貿易額將取代美國，世界各國與中國大陸經濟的相互依賴度將更顯著的增強。總之，目前美國雖仍保有優勢，但這些優勢將會隨著時間產生逆轉，最後，中國大陸將會取代美國而擁有巨大的優勢地位。

美國的亞太戰略理念：面對中國大陸的快速發展，美國強調她不能坐以待斃，無所作為。她必須努力經營亞太地區，以為美國獲取更多的利益，讓美國藉由亞太新興國家如此活躍的經濟利益，重塑美國快速的經濟成長，以拉開緊跟在後的中國大陸的距離。所以希拉蕊揭示了她們在亞太區域的戰略目標，她說：美國要在亞洲「在整個世紀繼續發揮領導作用，正如我

國在二戰後致力於建立一個全面、持久的跨大西洋的機構和關係網絡的努力已獲得成倍收益，而且我們還在繼續受益。現在正是美國作為一個太平洋大國作出同樣投入的時候，這條戰略路線是歐巴馬總統在本屆政府就任之初便確定的，現在已經產生效益。」希拉蕊又說「在戰略上，無論是通過捍衛南海的航行自由、應對朝鮮的擴散問題還是確保該地區主要國家軍事活動的透明度，保障整個亞太地區的和平與安全，對全球的發展越來越至關重要。」

　　簡言之，美國所要建構的國防戰略是「以新冷戰式的海洋戰略對付中國大陸」，所以她要透過政治、經濟、軍事和外交的努力，重新取得領導亞洲的地位以遏制中共影響力的發展。這是美國初期提出要重新領導亞洲的最初目標，當然，隨著情勢的變化，美國後來也悄悄的對她們的戰略目標做了一些微調。此外，美國在對外說詞上也不會如此赤裸裸的表明美國的戰略目標就是要遏制中國的發展，要在中國大陸的四周建立起新的包圍圈，建立起新的圍堵鍊，她會透過所謂航行自由、保障整個亞太安全與和平等詞彙去掩飾她的戰略企圖。但是，事實上，美國的戰略目標正是如此，所以，美國國務院和國防部的工作就是進行全方位的部署，包括盡速修補與印度、越南、馬來西亞的關係，加強與傳統盟國的同盟關係，設法讓美國軍隊能夠

重返菲律賓等，所有的外交、與越南的海上油田開發、軍事援助和演習等國防的作為，都要為美國重返亞太戰略服務。

第二節　美國重返亞太戰略內涵

　　眼看著中國大陸的快速崛起，美國口裡雖然不斷的強調歡迎看到中國大陸的崛起，實際上，美國的內心異常的焦慮，曾有一些軍事戰略學者建議應該在中國大陸的國防武力還不能挑戰美國的時候，先下手為強，主動的挑起一些事端，再藉機徹底的摧毀中國大陸的國防科技能力，讓中國大陸的國力倒退三十年，如此，美國方能繼續維持其霸權。當然，這只是一些軍事戰略學者的看法，不是美國軍事戰略學界的主流思想，不過，這也在實際上顯露出美國戰略學界的焦慮和不安。

　　由於中國大陸已經擁有了核子武器，也建構了陸基和移動式的洲際彈道導彈，並且已經成功的發射巨浪二型核導彈的核動力潛艦，如此，美國如果要對中國進行武力打擊，勢必會遭受到中國大陸的核反擊報復，雖然美國的核武器庫，不論是核子彈頭的數量或是投射這些核子彈頭的載具能力都遠比大陸為

強，但是，美國還遠遠無法做到準備犧牲千萬美國公民生命的政治動員，所以，即使美國的核打擊能力或是常規作戰能力都遠比大陸占優勢地位，美國也還沒有準備好要與中國大陸進行一場直接面對面的戰爭或軍事作戰。

　　除了軍事的和政治的理由之外，中國大陸是美國最大的債權國，也是擁有美元外匯最多的國家，大量的拋售美國國債，或者在國際外匯市場上大量的拋售美國貨幣，對美國的經濟、財政和國際地位都會立即的產生極其負面的影響，所以，貨幣戰也成為中國大陸可以用來對付美國的有效作戰方式。更何況，在這個戰場上，中國大陸占盡優勢，美國幾乎毫無招架和反擊的能力。

　　美國既不能對大陸採取直接的軍事打擊，又懼怕大陸採取貨幣和拋售國債方式與美國進行決戰，因為這兩種方式都會造成兩敗俱傷的結果，任一方都沒有好處。但是美國仍然想要削弱中國大陸崛起的力量，破壞中國大陸對亞太區域的影響力，要中國大陸臣服於她的領導，永遠不能挑戰美國的領導地位，美國仍舊從過去的經驗中去尋找答案，她們認為遏制與孤立是最佳的戰略核心思想，過去正是採用這種方式，不費一槍一彈，經過時間的積累，就將前蘇聯集團搞得崩解。

　　第二次世界大戰之後，美國政府採用地緣政治學家史派克曼（Nicholas J. Spykman）的主張，對蘇聯採用新月型的圍堵戰略，建立從歐洲的北大西洋公約、中東的中央公約到亞洲的美韓、美日、美台、美菲和 1954 年 9 月的東南亞公約等多邊和雙邊的同盟關係，對前蘇聯進行圍堵。同時，採用經濟孤立的方法，於 1948 年由美國、英國、法國、中華民國、澳大利亞、古巴等二十三國簽署了關稅暨貿易總協定（GATT），GATT 的成員國後來不斷的擴大，對各國間貿易的影響層面也就越來越深，沒有加入的國家，在經濟發展上就會處於不利的地位。而 GATT 從開始設立以來，就故意的把蘇聯排除在外，當然，由於當時蘇聯和美國在對抗之中，所以，蘇聯也不願意加入，這樣，蘇聯在國際經濟和貿易上就被孤立起來，GATT 後來發展為 WTO 世界貿易組織，一般認為，經濟上的孤立最終造成前蘇聯的瓦解，這就是美國所謂的「和平演變」戰略。

　　美國歐巴馬政府所謂的「亞太再平衡」戰略就是建基於過去的經驗和地緣政治理論的基礎之上。她的核心戰略思想是希望能夠建立起以美國為中心的泛太平洋經濟體系，設法將中國大陸孤立化、邊緣化，藉以達到地緣政治理論中之權力中心與邊陲二元化的目的。具體的說，美國企圖以現在仍然具備的絕對優勢的經濟規模作為基礎，透過 TPP 體系的建構和擴大，從

經濟方面將中國大陸孤立起來，或者迫使中國大陸屈服於美國的價值體系之下，完全接受美國所制定的遊戲規則，服從美國的領導。

加緊建構多邊或雙邊的軍事同盟或是準同盟的關係，發展從韓國、日本、台灣、菲律賓等的第一島鍊到澳大利亞、關島、紐西蘭等的第二島鍊，和建構所謂美國、日本、澳大利亞和印度的菱型包圍圈，對中國大陸進行海上和空中行動自由的遏制。所以，她必須透過強調有意願積極的介入亞太地區的爭端，以挑弄這些與中國大陸有島嶼或領土主權爭端的國家可以放膽的跟中國大陸叫板，藉以拉住並加強與日、韓、菲、澳等軍事同盟國的軍事合作關係，同時積極的開展與印度、越南等新友邦的軍事關係形成遏制的力量，希望能達到迫使中國服從在美國主導下的遊戲規則的目的。

因此，美國透過不斷向亞洲國家宣示的方式，以表明她的堅定立場，來爭取亞洲國家向其靠攏，建構起「亞洲反中統一戰線」。美國不斷的強調她會從中東撤軍，然後將 60%的美國海空軍軍力部署在亞太地區。對於亞太地區有爭端的事件或區域，美國將會積極介入，不會袖手旁觀。所以，美國將會透過增強與相關國家的軍事演習和提供她們所需的軍事戰略武器，藉以展現美國的決心和實力，增強她們對美國的信心。

第三節　美國重返亞太戰略的宣示進程

　　當戰略目標和戰略設計完成之後，歐巴馬政府的三頭馬車便分別的開始積極的展開工作，不論是歐巴馬本人，或是當時的國務卿希拉蕊或是國防部長皆是如此。2009 年 7 月，美國國務卿希拉蕊先開始在亞洲進行吹風，她在東盟地區論壇上，正式宣布美國將把「重返亞洲，重新領導亞洲」作為美國的重大政策。希拉蕊在演說中強調：「我們回來了」（"We are back"）。We are back 作為美國重返亞洲的宣示詞。

　　就在希拉蕊作出宣示之後不久，同年的 11 月，歐巴馬就開始展開他的亞洲訪問。歐巴馬的亞洲行受到亞洲國家的高度關注，特別是日本。日本對於歐巴馬的訪問亞洲相關國家和出席亞洲的相關會議，一直保持著高度和密切的注意。就在歐巴馬結束對韓國的訪問，返回美國本土的時候，日本共同社立刻就發表了一篇文章，該文章認為：「美國總統歐巴馬 19 日從韓國啟程返回美國，結束了為期七天的就任以來首次亞洲之行。歐巴馬於 14 日在東京舉行了主旨為『美國重返亞洲』的演講，宣

稱今後將把外交重心放在亞洲地區。其中在中國逗留四天三夜，中美兩國關係的深化也備受關注[1]。」

日本共同社認為：「在前布希政府時期，美國的總統和國務卿經常缺席或中途退出與亞洲相關的國際會議。此次歐巴馬利用參加亞太經合組織（APEC）峰會的機會首次和東盟（ASEAN）舉行首腦會談。背景在於美國迫於現實認為有必要加強參與經濟持續增長地區的事務[2]。」

最後，共同社整理了歐巴馬在韓國、中國大陸和日本的相關言論，並且進行了對比：「歐巴馬 19 日在韓國的烏山美軍基地回顧亞洲之行時，就對華關係表示『美中兩國的合作對於我們來說意味著世界更加安全和繁榮』。並在亞洲之行中反復發出『共存』的訊息，16 日在上海與中國青年對話時稱『一個國家的成功不應該以另外一個國家的犧牲作為代價』，強調將擺脫固有的觀念。同時呼籲美中作為兩個大國沒有相爭的必要。另一方面，歐巴馬在東京演講中稱，『即便深化與中國的關係，也不會削弱同盟關係』，表示重視中國的前提為堅持與日本和韓國的同盟關係，認為這是『必要條件』。布希政府時期負責中國政策

---

[1]　http://world.huanqiu.com/roll/2009-11/637603.html

[2]　http://world.huanqiu.com/roll/2009-11/637603.html

的前白宮官員表示,『如何與中國妥協將是今後的關鍵,也必須為此維持與日韓的同盟關係[3]』。」

事實上,日本政府高度的體會到美國的重返亞太政策是針對中國大陸的,因為,中國大陸的成功從未以另外一個國家的犧牲作為代價,歐巴馬突然間的這樣講話,似乎在暗示著什麼。換言之,今後,美國將致力於與中國大陸爭奪對亞洲國家的領導權。未來,中美關係發展為相互對抗是相當有可能的趨勢,美國如果要能贏得這場競賽,日本將會是美國更要極力鞏固的重要盟國。

此外,為了緊緊的拉住原有的盟國,爭取新的友邦,希拉蕊強力的暗示美國將會更積極的介入亞太的爭端。換言之,美國將會提供與中國大陸有爭端的當事國她們所需要的援助,包括提供國際輿論支持和其所需的軍事裝備。隔年,也就是在 2010 年 1 月 12 日,美國國務卿希拉蕊到了夏威夷,並且在夏威夷的東西中心發表演說,她作了一個「亞洲的地區架構:原則和重點」的演講,在這場演講中,希拉蕊明確的表達了美國強烈的希望介入亞太地區性事務的意願。與此同時,希拉蕊則再度的重申,她想建立美日印三方戰略對話的目標,希拉蕊透過這場

---

[3] http://world.huanqiu.com/roll/2009-11/637603.html

公開的演講而不是美印的外長祕密會談，公開的表明了美國想要拉攏印度加入她的對抗中國大陸的陣營，希拉蕊打的是一局陽謀的牌，要在中印關係間打下一顆楔子，增加中國大陸對印度的猜忌。

隔年，也就是 2011 年 10 月，希拉蕊又在美國的《外交政策》（*Foreign Policy*）雜誌上發表了〈美國的太平洋世紀〉（*America's Pacific Century*）一文。希拉蕊再三的，更加明白的宣示美國重返亞太區域的政策與決心，為了證明美國的決心，希拉蕊還具體的闡述了美國未來十年的亞太戰略路線圖，為美國的「重返亞洲」勾勒出具體的路線圖，她希望亞洲的相關國家能夠聽到，也能夠相信美國的決心，同時，也公開的對中國大陸叫板。同年 10 月 10 日，她又在夏威夷檀香山再三的表示，亞太地區將是美國今後外交戰略的重心，並且重申 21 世紀將是美國的太平洋世紀，她希望藉此能夠達到增強亞洲國家對美國的信心，不過，希拉蕊的這種做法，卻正顯示出美國的頹勢，也顯示出美國的焦慮和不安。

第四章　美國重返亞太戰略的執行

　　美國的重返亞太戰略從推出、與雙邊和多邊國家相互作用、到進行修正。在這短短的不到五年內，外表看起來一樣，用詞也一樣，但實際上的發展卻有不同，我們初步觀察認為亞太戰略的發展可以區分為兩個階段。

　　初期階段。美國亞太戰略初期階段的主要主張為：美國要重返亞太，要重新領導亞洲。美國的這種表述方式存在著一些問題，這是由於許多亞洲國家已經不是過去那樣的貧窮與落後，也不是像過去那樣，仍然處於被買家壟斷的低價原物料供應國的地位。相反的，由於中國大陸正以高於原先占有買家壟斷地位的歐美國家願意提供的價錢向亞洲國家購買大量的原物料，這樣的價錢，大幅度的改善了這些國家的經濟狀況，從而形成她們與中國大陸更緊密的經濟合作關係。此外，美國在 2009 年之後的財政能力和所能提供財政經濟援助的能力，也不再像過去那樣，對這些亞洲新興的經濟體具有相對巨大的吸引力。亞洲國家經濟的快速增長帶來了更多的自信，亞洲國家民族自

信心增強了，自尊心也就更強了。所以，希拉蕊所提出的重新領導亞洲的論述，顯得有點不太切乎實際。

　　美國後來也發現重新領導亞洲，這個詞彙太赤裸裸了，亞洲人普遍有抵制的情緒，便悄悄的將其轉變為「重返亞太，亞太再平衡戰略」，這樣中性的字眼。然而，這樣的字眼卻又與實際狀況不相符合。因為，在實際上，即便中國大陸的軍力呈現快速的增長和現代化，仍然不能跟美國相較，在亞太區域，美國在日本、韓國、關島、菲律賓、澳大利亞、新加坡等國都建有軍事基地或租用軍事基地或派駐大量的軍事人員和部署先進的武器裝備，反觀中國大陸，並未在亞太區域部署海外的軍事基地和派遣軍隊駐守海外；即便中國大陸的經濟增強了，超過日本成為亞洲第一大經濟體，在全球的排名中，仍然居第二位，如果以國民平均所得計算，排名則更為後面。所以，美國在亞太地區的戰略實力仍然遠遠超過中國大陸，美國所採用的這種「戰略再平衡」基本上就是個偽命題，實際的命題應該是，「繼續維持美國的戰略優勢地位。」

第一節　美國戰略目標的設定與戰略布局

　　美國的戰略目標設定得很清楚，就是要與中國大陸爭奪對亞太區域國家的影響力和領導權，但是當時的中國大陸與東盟國家已經完成 10+1 的（東盟－中國大陸）的自由貿易區的談判，中國大陸正在協助韓國和日本與東盟達成 10+3 的自由貿易區，中國大陸與東盟國家的經濟關係相當的密切，東盟國家對中國大陸的經濟互賴關係逐步增強，而且也已經超越她們與美國的經濟互賴關係。所以，美國想要透過增加亞太國家對美國的需要、信任和依賴等方式，藉以孤立並且遏制中國的快速發展。

　　在戰略設計方面，美國採用兩條路線試圖來達成其戰略目標：

　　第一條路線具有強烈的軍事的特質，美國企圖藉由擴大亞太區域國家中與中國大陸存在著各式各樣的矛盾，來拉攏這些國家。基本上，與中國大陸存在領土上矛盾的國家計有：東北亞的日本與韓國，東南亞的菲律賓、越南、馬來西亞、印尼與汶萊，還有南亞的印度。所以，這些國家都是美國優先要利用與鞏固的國家。至於中國大陸的傳統盟友如巴基斯坦、緬甸、

柬埔寨則採用經濟或部分軍事援助的方式以建立關係，並且試圖增加中國大陸的困擾。

　　美國的做法為挑起矛盾、擴大矛盾、形成對抗、接著再譴責中國大陸以大欺小，並且表示支持弱方，美國願意聯合與中國大陸的對抗方，這樣就可以發展成為依賴關係，達到重新領導她們的目標。所以，美國打的算盤是，暗中挑弄這些國家擴大在與中國大陸有主權爭議地區的活動，如果中國大陸仍然維持「韜光養晦」方針，這些國家就直接獲利，一方面可以顯示中國大陸懼怕美國，是軟弱的，這樣相關國家更可以肆無忌憚的侵犯中國大陸的主權；如果大陸改變韜光養晦方針，阻止這些國家的侵權行為，美國可以聯合其盟國如英國、澳大利亞和日本等發動國際輿論對中國大陸進行譴責，對大陸冠上所謂的霸權主義。此外，因著這些衝突所造成的緊張，會使這些經濟上新興的國家和更具有財政能力的國家更加地依賴美國，因而為美國軍工企業創造更多的商機。如此，美國幾乎可以以買空賣空的方式，以非常低廉的成本達到醜化中國大陸、製造緊張、孤立中國大陸還有為美國的軍工複合體獲得更多訂單，銷售更多的美國武器和裝備，增加使用美國武器的國家數量，也增大她們對美國的政治和軍事的依賴，這些都是短線可以立即操作的。

　　第二條路線屬於經濟性質，美國必須設法切除太平洋國家與中國大陸的經濟互賴關係，要不就必須把中國大陸納入以美國為領導中心的經濟體，使中國大陸屈服於美國的領導之下，依照美國所定下的遊戲規則行事，美國是最高的仲裁者，這就是歐巴馬在 2014 年 5 月 28 日在西點軍校演講的時候，所說的「美國從歐洲到亞洲，我們是世界有史以來最強大聯盟的核心[1]。」他在結語的時候尤強調說：「我的底線是：美國必須一如既往在世界舞臺上發揮領導作用。我們如果不領導世界，誰來領導[2]？」基本上，在經濟方面，美國意圖建構一個排除中國大陸的「跨太平洋兩岸自由貿易經濟體」，她的目的要不是為了孤立中國大陸，要不就是為了迫使中國大陸接受美國所制定的遊戲規則，依照美國的意願行事，藉以創造能夠符合美國利益和承認美國領導權的有利態勢。然而，經濟問題不像政治或軍事問題那般可以短線操作，它的路程是漫長的，效果是不可靠的。

　　在戰略布局方面，美國透過外交、軍事與經濟三管齊下。

　　外交方面已經制定並且開始執行的舉措為：加強與傳統亞太區域盟國的外交關係，積極並主動參與亞太的區域組織，如東南亞國協與東亞國家的高峰會議。未來，美國將會利用時機，

---

[1]　http://www.guancha.cn/america/2014_05_31_234035_s.shtml
[2]　http://www.guancha.cn/america/2014_05_31_234035_s.shtml

更加積極的改善與傳統上對美國並非友善國家的關係，例如與印度、印尼、越南、緬甸等。換言之，美國將會充分的利用亞太區域國家與中國大陸島嶼主權上的矛盾，或是基於對中國大陸當前強勢作為的不安全感等矛盾，建構一條亞太區域「反中統一戰線」。

軍事方面：為了落實新冷戰式的海洋戰略，美國當時積極的籌組並且建立「海空一體戰辦公室」作為該海洋戰略的統籌機構。白宮的高階官員承認海空一體戰這一新概念是為了對付中國大陸的一個新冷戰式的里程碑。（A senior Obama administration official was more blunt, saying the new concept is a significant milestone signaling a new Cold War-style approach to China.）海空一體戰的概念將戰爭的前提設定為新冷戰型式，這就意味著美國不想跟中國大陸打一場全面性的戰爭，但是美國面對中國大陸不斷增強的兵力，她必須表明不怕和中國大陸打一場戰爭。

而所謂新冷戰指的是中國大陸並非前蘇聯，美國是不可能採用經濟戰略也不可能採用圍堵戰略來對付中國大陸。但是如何對付中國大陸呢？如何證明美國有能力攻擊中國大陸內陸的任何一個地方，如何證明美國有能力對中國大陸的內陸進行武力威懾呢？「海空一體戰」就是她們認為有效的方法，根據一位美國願意接受採訪但是不願具名的美國軍官強調，在過去，

美國用來對付蘇聯的海洋戰略就是「海空一體戰」。("Air Sea Battle is to China what the maritime strategy was to the Soviet Union," the official said.）冷戰時期，美國海軍實施海洋戰略、在世界各地使用全球戰略和各種力量以阻止莫斯科的進展。

　　基本上，美國的「海空一體戰」是一種非常前沿的軍事部署戰略，是一種非常自信的戰略，這是一種攻勢戰略，一種將戰略性攻擊武器盡可能的往敵方前沿進行部署。由於美國對所謂反介入、區域封鎖、航行自由、國家戰略利益和行動自由等關係美國生存或者戰略的權利受到挑戰時，不會不採取行動，而且即使採取了行動，她們認為也不會受到懲罰，因為，在當前的世界上仍然還未出現一支強大到可以採用常規武器，進入到美國國境前沿，對美國本土進行常規性武器的打擊這樣的一個國家。她們只能採取洲際彈道核導彈的攻擊方式，而這種方式是全面性的衝突發生的時候才會使用。如果是局部性的、懲罰性的或報復性的軍事打擊，則只能採用常規武器，而當今世界上，只有美國有能力對全球任一國家進行常規性武器的打擊。

　　所以這是一種新的海戰打法，不只是針對陸地戰的打法。美國之所以發展出這一概念，主要來自於中國大陸新的精確打擊武器的發展，這些新武器將威脅到美國戰略航道的航行自由和其他全球共同關注的問題。她們認為必須要有能力保障通道

和行動的自由，維護她們的國家目標和保護國家重要的資產。
而美國對保障美國船艦航行通道安全和行動自由的定義跟國際
社會的規範是不相同的，基本上，美國並沒有簽署國際海洋法
公約，所以，她不受國際海洋法公約的約束，當然對於簽署國
際海洋法公約的國家而言，她們對於美國也無須遵守國際海洋
法公約，但是，由於美國擁有全球最強大的海軍和空軍軍力，
所以，到目前為止，仍然沒有一個國家能夠有效的與美國的海
軍對抗，所以，美國定義下的航行自由就是，美國不受國際海
洋法公約的約束，她想到哪裡就可以到哪裡，想要怎麼走，她
就怎麼走。

　　在這項戰略的指導下，美國已經開始推動與韓國核戰略的
一體化措施，除了繼續推動與日韓印泰新等國的聯合軍事演習
外，美國也鼓勵日本加強與南洋大國的軍事戰略合作，美國聯
合日本雙管齊下。美國同時在澳大利亞加強派駐常設軍隊的數
額，使用澳洲的海軍和空軍基地，控制印度洋和印尼海域，加
緊與新加坡磋商將美國的海軍艦隊進駐新加坡，以達到能夠隨時
遏制麻六甲海峽的目的，修補並且加強與越南和菲律賓的軍事交
流，以強化在南海的軍事存在。

　　美國五角大廈認為如果能夠完成「海空一體戰」，將可以為
美軍建立起在亞太區域的軍事可信度，也就是說，美國是有誠

意也有能力增強在亞太區域海空軍的軍事打擊能力。一旦時機成熟，不排除可能轉向為發展以美國為核心的美國和亞洲相關國家的雙邊或多邊軍事同盟關係，朝向建構起一條環繞美國為中心的亞太多國軍事公約組織方向發展。

經濟方面：美國意圖採用借力使力的策略，在亞洲積極的打造 TPP「泛太平洋戰略經濟夥伴關係協議」。美國積極推動 TPP 的目的在於與中共的「10+3」相抗衡，美國認為如果能夠成功的建構完成 TPP，預估將會對中國大陸產生強大的排擠效應。但是我們很難想像一個沒有中國大陸加入的 TPP，會是一個怎麼樣的 TPP，正如一個沒有中國大陸加入的 WTO，會是一個怎麼樣的 WTO 是一樣的問題。美國如果要在 TPP 起大作用就必須有日本、韓國和台灣的加入，這樣基礎才會堅實。所以，美國將會持續的推動擴大 TPP 成員國的工作，TPP 的範圍如果越來越大，參與國的 GDP 占世界 GDP 總量如果越來越大，對中國大陸想要主導亞太經濟秩序的壓力也就越來越大。

美國這樣的雄心壯志開始禁受了現實的考驗，基本上，TPP 的進展速度非常緩慢，這主要是涉及到日本的態度。日本很清楚，TPP 將會衝擊她們的農業發展和汽車工業的發展。雖然日本農業占她們的 GDP 總量很低，但是人口數卻不少，更主要的是，日本農民是自民黨的大本營，失去農民的支持，自民黨的

執政將會受到嚴重的挑戰，日本農民不是自民黨所能夠得罪得起的。所以，即便歐巴馬政府一直不斷的催促日本要盡速談妥簽定該協議，日本仍然採用推遲的緩兵之計來加以應對。

第二節　政策部署

　　要落實重返亞太戰略，要維持美軍在亞太戰略的優勢地位，如前所述的，美國設立了「海空一體辦公室」作為統籌機構，這個統籌機構的任務在於對美軍的軍力進行前沿的部署的規劃，並且必須要能展現出美國具備有完整的能力，足以對中國大陸的內部進行攻擊的能力。

　　事實上，美國很早就在探索「一體戰」的概念，從美蘇對抗時代開始，美國就發展了大規模的報復戰略。為了落實這項戰略，從 1954 年起，美國就相繼完成了「三位一體戰」的戰略力量部署，也就是藉由戰略轟炸機、洲際彈道核導彈和戰略導彈核潛艇等「三位一體」的戰略力量來完成該項戰略。1960 年代，美國更成立了參謀首長聯席會議作為指揮三軍作戰的統籌機構，繼而透過三軍聯合作戰指揮組織直接領導具有戰略目標

特質的聯合計畫參謀本部，並且負責制訂統一的戰略計畫，以及訂定戰略核打擊的目標清單。

1992 年 2 月，美國發表了新的國家軍事戰略——地區防務戰略，根據這項新的國家軍事戰略指導，於 1993 年頒發了 FM100-5 號野戰條令作戰綱要，將越戰期間發展出來的「空地一體戰」的概念，擴張為「空、地、海、天一體戰」的概念，換言之，就是將兵力集中原則轉變為戰鬥力集中原則，以戰鬥力作為軍兵種整合的核心，不再以兵力協調作戰作為作戰指導原則。

2009 年 7 月，當希拉蕊在泰國宣布要重返亞洲，並且有意願要重新領導亞洲的時候，美國國防部就開始啟動加速建構新的戰法。

美軍海空一體戰概念的產生

具有明顯的整合（另外的用語就是一體化）的經驗和傳統的美國軍隊，自然而然的會朝海空一體戰的方向發展，但是，如何進行海空一體戰，是否需要一個類似海空參謀聯席會議這樣的管理機構呢？設立這個機構會不會疊床架屋呢？它是指揮作戰機構嗎？如果是，它會不會干擾並且影響地區司令部的指揮權責呢？造成多頭馬車呢？如果只有海空軍，那陸軍會不會

感覺受到冷落，影響他們的發展呢？這些問題，美國軍方沒有找到合理的答案，所以，當美國國防部公布設立海空一體戰辦公室的時候，我們發現他們不願意明確的定義到底什麼是海空一體戰。

他們採用的辦法是模糊化這個機構，他們強調「海空一體戰」不是一個戰爭計畫、不是一個作戰計畫，它是一個框架被設計用來闡述和說明問題之所在。基於此，新設立的「海空一體戰辦公室」的主要功能在於：在「海空一體戰」概念的發展過程中，促進相關事務和相關機構之間的協調與整合，監督執行與「海空一體戰」有關的培訓計畫、籌備相關的人力資源和裝備，管理並執行「海空一體戰」概念之落實。換言之，海空一體戰是海空一體戰，但海空一體戰辦公室負責頒布海空一體戰的相關訓令，不指揮海空作戰，海空一體戰的指揮權仍然遵循過去的戰區指揮程序。

美國前國防部長蓋茨在提出要成立「海空一體戰」辦公室的時候，辦公室的成員，最初只包括海軍和空軍，不包含陸軍在內。這個舉措引起陸軍將領強烈的反彈，陸軍方面認為如果不納入陸軍，對陸軍未來的前途堪慮，在軍隊建設和經費預算方面，陸軍必定受到冷落。所以，經過多次的協調，美國國防部答應未來陸軍的軍官將被納入到這個辦公室工作。基本上，

新海空戰辦公室將由各軍種共計 15 人組成，其中至少包括自空軍、海軍及海軍陸戰隊的兩個校級軍官或同級公務員（文官的意思），未來將會有陸軍軍官在內。該辦公室具體的組成成員都是來自各軍種戰略中樞機構的菁英，例如美國海軍陸戰隊昆迪克基地、空軍戴頓基地以及海軍諾福克基地的軍官。這些軍官混合在一起工作，一起討論如何實踐海空一體戰的概念，彼此交換專業知識，彼此相互學習不同軍種的專業作戰知識，接著，這些菁英軍官的任務之一就是向各自軍種傳播從其他軍種所學知識。例如：當小型艦艇對海軍戰艦發動蜂群攻擊威脅的時候，空軍軍官就不一定會瞭解，而新海空戰辦公室則可幫助他們去理解蜂群攻擊的特點和空軍可以協助的方面。

在「海空一體戰」概念發展期間，新海空一體戰辦公室將負責促進軍種間和機構間的協調工作，並且負責監督海空一體戰的相關訓練課程、兵力準備和裝備調整以及作戰概念的最終落實。所以，美國國防部的設想是，「海空一體戰辦公室」設立的目的，主要在於發揮「聚焦透鏡」的作用，幫助各軍種處理未來「反介入及區域封鎖問題」。而所謂「反介入及區域封鎖」就是美國認為中國大陸正在建構的主要戰略，美軍成立「海空一體戰」就是為了突破大陸的反介入能力和對南海實施封鎖的能力。

　　根據有限的資料，我們可以勾勒出美國所謂「海空一體戰辦公室」設置的目的和功能，但是未來，他們將如何具體的運作，以及運作的細節則有待繼續觀察。根據美國國防部官員的描述，這個辦公室未來將可以實現各軍種的不同組合，可是他們卻未明確闡明未來各軍種合作的方式，這可能是因為，還需要發展時間，需要磨合，需要繼續驗證和改進，換言之，美國也是採用摸著石頭過河的方式，先有概念，再將概念化成實際，邊走邊調整。廣義地說，「海空一體戰」概念是一種處理高度機密資訊的交流中心，成立的目的是為了思考較大範圍的當前和潛在的威脅，辦公室負責去蒐集並且熟悉大量高度機密資料，也要負責建構能夠被應用於軍事的潛在反應能力，透過這些有效的反應能力，來應對他們的威脅。然而，這個辦公室的任務不是要告訴作戰指揮員，他們應該如何做他們的工作，而是要提供他們所需要知道的跨軍種的相關資訊，以保持美軍在全球共同經營範圍的軍事優勢。要達成這一優勢，一個關鍵的優先事項是將空軍和海軍整合起來一起工作。

　　2010 年 5 月，美國一家獨立智庫的戰略與預算評估中心公布了兩份對中國大陸的戰略報告，其核心內容就是通過實施「海空一體戰」，以遏制中國大陸不斷增強的軍事能力。該報告認為，現階段中國大陸的軍事實力已經對美國構成了重大威脅，

為了擊敗中國大陸，這份報告構思了如何對中國大陸縱深的關鍵設施實施空中和導彈攻擊的計畫，他們還設想了應該發展新一代的小型航母，以及發展超高音速的具有一小時全球打擊能力的常規導彈系統。在這報告發表之後，當時的美國國防部長蓋茨在一次講話中，正式提出了「海空一體戰」概念，所以，很明顯的，美國發展「海空一體戰」的目標正是為了對付中國大陸。

「海空一體戰」的戰略構想只突出了美國空軍和海軍的絕對地位，對陸軍在「海空一體戰」中的地位和作用卻隻字未提，當然這不是美國陸軍將領願意看到的，因為，若是任由這種情況發展下去，當「海空一體戰」成為美國長期的新的建軍主流思想，長期下來，對陸軍的發展會產生相當不利的影響。長期以來，美國陸、海、空及海軍陸戰隊四大軍種都已經形成了自己獨有的軍種文化。為保持資源競爭優勢和本軍種在國家軍事戰略中的地位，各軍種往往站在自己的立場處理問題和維護本軍種利益，因此之故，這些軍種文化就具有一定的排他性的特質。例如，在 1970～80 年代，美軍就開始著手發展其所謂「指揮自動化系統」，並要求各軍種要搞好彼此之間的協作關係。但是，由於各軍種都擁有自己的獨立的作戰計畫和條令，並且都已經形成了固有的作戰和指揮方式。因此，在新的改革過程中，

各軍種都以此為理由，突出本軍種的特殊性，自成一個體系，誰也不願妥協。最後，搞出來的自動指揮系統無法達到互聯互通的目標，這樣就嚴重的制約了聯合作戰效能的發揮。後來，美國不得不投入鉅資改建、甚至重新建設指揮自動化系統。直到現在，沒有哪一個軍種自動願意最早放棄已有的系統，仍然存在一些系統不能實現聯合作戰中的資訊共用。

在這樣的軍隊文化和背景之下，美國將「海空一體戰」作為其控制全球海洋及瀕海地區的戰爭支柱理論，「海空一體戰辦公室」則必須具備有引領和推動美軍武器裝備項目採購和發展的功能。例如：空軍轟炸機、海軍陸戰隊新型兩棲艦艇的採購專案就是根據「海空一體戰」的要求來加以確定的。目前，「海空一體戰」還在研發階段，未來會如何，仍然存在許多疑問，但是「海空一體戰」的概念終究是當今世界軍事史上第一種有可能將現代作戰的空間制權理論發揮到極致的構想。「海空一體戰」的實質是構建一個以天基系統為核心，由天基平臺、空基平臺和海基平臺等構成的多層次的立體作戰體系，在全方位的空間內加速實現各種作戰力量的有效融合和作戰綜合集成，與作戰對手進行全方位空間的全面交戰。為此，必須根據作戰物件的特點，加強各軍種資訊作戰系統的緊密耦合。

　　美軍在「海空一體戰」中提出，若要實施「海空一體戰」，就必須打造出全方位全縱深打擊系統等多種作戰系統，唯有這樣，才能對中國等瀕海國家的內陸目標進行戰略性的打擊。然而，要實施這樣的全方位作戰，特別是針對內陸目標的打擊，僅靠空軍和海軍力量是有一定局限性的。許多陸上作戰行動，仍然離不開陸軍。因此，實施「海空一體戰」，不僅需要空軍和海軍的緊密聯合，也需要包括陸軍在內的各軍種緊密結合。只有這樣，才能真正形成體系作戰能力，使「海空一體戰」變得更加完善。

　　實際上，美國對陸軍加入「海空一體戰」是早有預想的，但是也可能是陸軍人員起的作用。2010 年初，在「海空一體戰」的初始報告中就已經提出：隨著時間的推移，美國陸軍和海軍陸戰隊也應加入「海空一體戰」。四個軍種都應該參與「海空一體戰」概念的創造工作。只是由於各軍種間的合作本身也一直是一種挑戰，所以，最初階段應重點突出空軍和海軍的聯合。經過一年多的「海空一體戰」概念開發，以及技術上的不斷進步，特別是美國陸軍第一軍司令部已經從美國本土華盛頓州遷至日本，使太平洋司令部的指揮與控制能力得到加強之後，美軍認為將陸軍納入「海空一體戰」的時機和條件已經成熟。

　　為了取得「海空一體戰」的戰爭型態的優勢地位，美軍正在逐漸的減緩對傳統武器技術的研發，這樣才能夠把更多的精力和財力等資源投入到未來武器技術的發展上，如此才能夠繼續保持美國在武器技術方面的全面壟斷優勢。按照「海空一體戰」的要求，美軍計畫發展從航空母艦上起飛的 X-47B 無人駕駛隱形戰鬥機，事實上，這項發展已經成為實際，除了無人機能夠在航母起降外，美國也對 EA-18G 黑鱸改進型電子戰攻擊機等先進武器裝備進行改良。與此同時，美國已經開始全面的提高其海空軍裝備的通用化和多功能化水準，發展綜合型作戰平臺和裝備，特別是大力發展適用於多種作戰平臺的精確制導武器。美軍還將繼續研製和發展新型戰術資料鏈，這樣的努力是為了打破存在於各種資料鏈和資訊系統間的壁壘，從根本上來改變目前美軍各軍種感測器與通訊設備不相容的狀況，提高聯合作戰資訊共用水準。

　　有些研究和分析人員認為，「海空一體戰」概念的提出也可以達到節約成本的海空合作新模式，但是這種論點是有爭議的，因為，美國分析家馬克‧津格認為，聯合作戰指揮資訊的價格是非常昂貴的，如果要能夠成功的發展各種空海軍新的武器作戰平臺「將需要花費數十年的預算開支」，所以，這樣的花費絕對無法達成節約成本的效果。

　　「海空一體戰」是二戰以來，美軍拋出的唯一一套專門針對解放軍的作戰理論和構想。這個構想經過前國防部長蓋茨確立之後，美軍就開始執行這個計畫，迅速的把作戰重心放在以中國大陸為主要對手的西太平洋地區。在這項戰爭型態的概念的指導下，美國對亞太戰力作了重新的部署：

　　首先，美國軍方將其陸軍第一軍司令部從美國本土華盛頓州搬遷到日本本土。

　　其次，在 2011 年 11 月 8 日～9 日，由美國主導的美韓軍演項目開始進行調整，他們首度舉行延伸威懾手段的運用演習，首次就發生朝核危機時，韓美運用延伸威懾手段的方案、協商和決策的程式進行演練。演習地點在美國本土的戰略司令部舉行，演習的目的在加強韓美間與延伸威懾有關的情報共用、提高應對核危機的共識。而美國所謂「延伸威懾」，指的是美國利用其核保護傘，向韓國提供安全保證。

　　第三，美國已經決定向澳大利亞派遣 500～1000 名海軍陸戰隊員，這些部隊將進駐澳大利亞北部達爾文港的羅伯遜軍事基地。這是美軍戰鬥部隊首次正式駐軍澳大利亞，被外界認為是落實「海空一體戰」的實際步驟之一，也是構建「海空一體戰」的重要一環。

第四，2012 年 8 月，美國和新加坡達成一項新的「新美防務協定」，新加坡同意美軍可以在新加坡部署最多四艘瀕海戰鬥艦，這個瀕海戰鬥艦是美國海軍近年來發展的新型水面艦艇的一種，可以進行迅速的突擊行動。其中「獨立級」長 127.4 米，滿載排水量 2784 噸，航速為每小時 81 公里。雖然體形較小，但具有可以容納兩架「海鷹」直升機的機庫，可以釋放小艇，或搭載裝甲車突擊小隊[3]。

2007 年 1 月 11 日，中共解放軍成功的試射反衛星導彈，震驚美國和歐洲各國，之後，網軍部隊的組建和打擊大型船艦導彈部隊的建成等，解放軍快速的具備有現代高技術作戰能力，這些使得美軍在亞太區域的自由航行權面臨新的威脅。當時美國空海兩軍既無應對解放軍的裝備，也無相關的戰術。所以，在美軍對中解放軍戰術改變過程中，美國國防大學國家戰略研究所高級研究員邁克爾・皮爾斯伯理（Michael Pillsbury）就發揮了重要作用。因為皮爾斯伯理撰寫的《如何以紅軍之姿應對中國》的研究報告，採用中國軍事著作和歷史軍事行動的研究途徑，提出中共的過去重要軍事行動案例，如 1950 年突襲韓國以及 1979 年中越戰爭，以及根據對中國軍事著作的分析，提出

---

[3] http://blog.sina.com.cn/s/blog_4bccaa320102edeh.html

了一些他們認為具有價值的意見。其中包括中共將如何突襲美國航母，阻止其馳援台灣以及如何利用潛艇封鎖南海兩個戰略要地等。

今日美國的「海空一體戰」是一種非常前沿的部署，一種非常自信的戰略，因為美國對反介入、區域封鎖、航行自由、國家利益、行動自由等關係美國生存的權利受到挑戰時，不會不採取行動也不會受到打擊。美國之所以發展出這一概念主要來自於中國新的精確打擊武器的發展將威脅到美國戰略航道的航行自由和其他全球共同關注的問題。他們認為必須要有能力保障通道和行動的自由，維護他們的國家目標和保護國家重要的資產。

為了對付中共的新威脅，「海空一體戰」的創新意味著美國將主導海空戰鬥的變化，未來她將會從體制、概念和裝備等三個面向進行改變。而其具體的內涵為：

1. 研製新型遠端轟炸機。
2. 開展使用潛艇和隱形飛機的聯合作戰。
3. 在新式聯合作戰中，使用作戰半徑達到 1000 公里的遠端無人戰鬥機。
4. 使用空軍力量以保護海軍基地與部署海軍力量。
5. 使用海軍、海軍陸戰隊和空軍對中國內陸進行聯合打擊。

6. 使用海軍飛機對中國海域進行布雷。

7. 使用空軍和海軍對中國內陸的反衛星導彈進行聯合打擊。

8. 增加衛星的靈活性，使之難以被攻擊。

9. 使用海軍和空軍的網路部隊，對中國的反介入力量進行網路攻擊。

第三節　美國的亞太軍事部署

從 2009 年 6 月以來，美國不停的重申所謂「亞太戰略再平衡」，但是，實際上的進展卻是非常的緩慢。這主要是因為美軍在阿富汗和伊拉克的軍事行動成效非常不理想，即使歐巴馬採用了前國防部長蓋茲的建議，前後兩次的增兵阿富汗，結果卻是以美軍傷亡慘重作為代價。因此，當歐巴馬再度連任總統的時候，歐巴馬已經下定了從阿富汗撤軍的決心，並且要將撤出的兵力重新作出調整，重點要放在落實「亞太再平衡」戰略上面。

2012 年 1 月，美國總統歐巴馬又再度宣布要將戰略重點轉移到亞太。同年的 6 月 2 日，美國國防部長帕內塔（Leon Panetta）

就明確的表示，從 2012 年起到 2020 年，美國會將 60%的海軍
戰艦、航空母艦等部署在太平洋地區，他同時呼籲中國大陸必
須遵守相關的國際法規和秩序，這等於是公開的以軍力作為威
脅手段，對中國大陸叫板。帕內塔在談到美國軍力重新部署到
亞洲的時候，故意提到中國大陸，這顯然是有意要將美軍的調
動與中國大陸作出緊密的聯結，更是有意的要抹黑中國大陸不
遵守國際法規和國際秩序。帕內塔之所以不敢直接提及要中國
大陸遵守國際海洋法，主要是因為美國並沒有承認國際海洋
法，美國國會至今仍未批准和通過她所簽屬的國際海洋法公
約，換言之，美國是最沒有資格和立場去指責他國不遵守國際
海洋法公約，因為，美國並不是國際海洋法體系內的國家。

　　如果誠如美國所宣示的，也確實落實她們的計畫，我們估
計到 2020 年的時候，美國海軍 60%的戰艦、航空母艦都部署在
太平洋地區的話，我們預計屆時在太平洋區域將會有：六艘航
空母艦戰鬥群，這樣一來，美國就必須修建更多的航母基地。
換言之，除了美國西岸的航母基地、日本橫須賀海軍基地、關
島基地外，美國必須考慮在菲律賓、馬來西亞、新加坡或澳大
利亞等地設立新的航母基地。

　　截至目前為止，全世界共有二十艘航空母艦。其中，美國
擁有十一艘航空母艦群，占了 55%；義大利擁有兩艘；英國、

法國、俄羅斯、西班牙、印度、巴西、泰國各擁有一艘；而中國的遼寧號航母仍然是個科學試驗艦，尚未建構完全的航母作戰能力。

除了部署六艘航母戰鬥群外，美國也會在現有的，包括各類型的巡洋艦、驅逐艦、護衛艦、登陸艦等各類艦艇二百八十五艘中，將其中的二十二艘巡洋艦、六十艘驅逐艦、十九艘護衛艦等編列到各航母戰鬥群裡，也會將現役的二十九艘登陸艦部署到亞洲來，這是美國近岸登陸強有力的武力。因此，到 2020 年，美國將會把一百七十一艘各類艦艇部署在亞太區域。如果依照中國大陸的造船速度和新式船艦的組建規模和速度來看，到了 2020 年，太平洋就會布滿了各式各樣的船艦，而且中國大陸的船齡很明顯的會比美國年輕，如果在太平洋上航行的船艦聚集在一起，這會是相當的熱鬧，也可能會凸顯出美國船艦的相對老舊。

美國目前約在一百五十多個國家部署有美軍，在全世界一百九十三個國家中，美軍涵蓋了世界的 75%，這顯示出美國在軍事外交方面的所占有的優勢地位，美軍在世界各國的部署中，亞太駐軍主要放在日本、韓國等國家。根據統計，截至 2012 年 6 月為止，美國在日本駐軍 35688 人；在韓國駐軍 29086 人；伊拉克、阿富汗分別駐軍 40000 人；沙烏地阿拉伯駐軍 5110 人；

科威特駐軍 4690 人；澳洲 2500 人；土耳其駐軍 2040 人；巴林駐軍 725 人；阿拉伯聯合酋長國駐軍 390 人；阿曼駐軍 260 人；新加坡駐軍 122 人；菲律賓駐軍 117 人；卡塔爾駐軍 37 人等。

　　美國透過相關的各類型的軍事合作或軍事共同防禦條約，加強與亞太國家的軍事合作關係。除此之外，美國正極力遊說澳大利亞跟她建立更緊密的軍事同盟關係，她已經加派兵力進駐澳洲。目前正積極透過支持菲律賓對抗中國大陸的島嶼爭端，與菲律賓商討重返菲律賓蘇比克灣海軍及克拉克空軍基地，目前的進展似乎相當順利，因為，美菲正在繞過憲法和相關法律的限制，採用部隊輪調進駐的方式，以規避憲法和法律，而又能維持美軍長期的部署在菲律賓。為了讓美國的空軍戰機和海軍船艦能夠常駐菲律兵，美國正在協助菲律賓修建海空軍軍事基地，例如蘇比克灣空軍基地和巴拉望島的海軍基地等。

　　雖然，美國國防部長帕內塔不斷的重申，美國加強在亞太地區進行軍事部署，並不是要遏制中國大陸，相反的，美國在亞太地區更強而有力的存在可以創造亞太地區的和平穩定，這樣反而有利於中國發展。這套說詞正如美國說，她們強化與波蘭和捷克的軍事合作關係，在波蘭和捷克設立雷達與反導彈系統是為了對付伊朗，而不是為了對付俄羅斯一樣，是不會獲得中國大陸和相關國家的信任。

除了現有已經在使用的武器裝備以外，一般估計美國很可能會將新式的武器裝備優先部署在亞太地區，目前估計可能的新式武器為：

1.方陣近迫武器系統

廣泛用於美國海軍及二十個以上盟國海軍的各級水面作戰艦艇上，是一種以反制飛彈為目的而開發的近迫武器系統。目前的改良項目是 MK-15 Block 1A/B，除了加強對付超音速掠海反艦飛彈，並強調小型水面目標與空中慢速目標的應付能力。

2.雷射武器

2000 年，美軍利用方陣近迫武器系統的基座來開發雷射型近迫武器系統，直接以雷射光束摧毀來襲的空中或水面目標。2011 年 4 月 8 日，美國海軍利用保羅‧佛斯特號防衛系統測試艦（SDTS）在外海成功進行了海用高能雷射武器（Maritime Laser Demonstrator, MLD）的測試，這套整合於方陣系統砲座的雷射武器成功擊毀一艘距離一英里外的摩托快艇。

3.電磁炮

2010 年 12 月 10 日，位於維吉尼亞達爾格倫的美國海軍研究局水面作戰中心成功進行了「世界威力最大的電磁軌道炮」試射，能量達到 33 兆焦耳，相當於 33 噸重汽車以每小時 100 公里的速度撞擊硬牆的動能。據測算，金屬彈丸速度高達五倍速音速，射程達 110 海里（約 200 公里）。美國海軍研究院毫不諱言：「這次試射成功，讓未來先進武器運用於海上又往前邁進一步。」

4.全球快速打擊系統

早在 2006 年，美國就提出「一小時內打遍全球任何目標」的戰略理論。2010 年 4 月 22 日，美國空軍接連向太空發射了兩架 HTV-2 和 X-37B 空天無人戰機，這是人類歷史上的首次太空武器發射，使人類的戰爭從地球的海、陸、空，向太空延伸。同時這兩架無人戰機先後於 2010 年 11 月、2012 年 6 月 16 日完成其祕密使命後返回地球，由於其速度是 20 倍音速（約每小時 2.4 萬公里），即使是 7600 公里的目標，只需不到半小時，其快速攻擊能力驚人[4]。

---

[4] 美國戰略轉移亞太　海軍新武器將亮相（第 282 期 2012/07/05）　http://epochweekly.com/b5/284/10963p2.htm

第四節　增強軍事演習　擴大同盟國的範圍

　　為了增強亞太區域相關國家對美國的信心，美國必須彰顯出她能夠有效的威懾中國大陸的軍事行動和決心，所以，美國軍方就不斷的展現出她的軍事實力和決心，聯合軍事演習就成為美國在亞太地區最為常用的手段之一。根據統計，單單在 2011年，一年之內，美國與亞洲相關國家實施的聯合軍演就高達一百七十二次之多。

　　軍事演習的目的是為了產生軍事威懾的效果，也是為了增強與相關國家的軍事合作關係，我們從軍演的課目可以看出美國與參演國家的軍事關係，有些是增強現有的關係，有些是希望能夠拉攏的關係，有些是為了展現美國的肌肉，達到威懾的作用。所以，美國不斷的在亞太地區舉行軍事演習，透過聯合軍演，美國進行了一系列的軍事外交動作。2012 年 6 月 10 日，美國在夏威夷周邊海域展開了二年一度的由美國主導的，為期五十五天的「環太平洋－2012」多國聯合軍演。這項軍演是與美國國防部長帕內塔宣布的美國將海軍主力向太平洋轉移、加

強亞太盟友關係的做法相互呼應的,而美國這次的「環太平洋－2012」軍演更是特別的強調要加強夥伴關係,拉攏該地區除中國外幾乎所有海上力量,以對付「可能的地區威脅」。

根據美國《星條旗報》的報導,2012 年的「環太平洋」系列聯合軍演號稱全球規模最大的海上演習,在 2010 年的時候,環太平洋演習還只有十三國的海軍參加,但是到 2012 年的時候,美國有意逐年增加到二十二國,在參演國方面,除了上屆參加演習的國家,如美國、澳大利亞、加拿大、智利、哥倫比亞、法國、印度尼西亞、日本、馬來西亞、荷蘭、祕魯、新加坡和泰國外,2012 年美國又新增加了韓國、印度、墨西哥、紐西蘭、挪威、菲律賓、俄羅斯、東加和英國。參演國家總數不但創了新高,參演的兵力也大為增加,這次參演兵力包括有四十二艘艦艇、六艘潛艇、二百架軍機和 2.5 萬名官兵。

在 2012 年環太平洋軍演的新增加的參演國名單中,俄羅斯格外惹人注意,因為從 1971 年開始發起的該系列演習,軍演的對象原本就是針對蘇聯的太平洋艦隊所規劃的。在蘇聯解體後,這項演習就改變為兩年舉行一次,俄國也曾多次派遣軍事觀察員觀摩演習。但是為了參與這項演習,俄海軍派出了一艘快速級導彈驅逐艦、一艘油船和一艘遠洋拖船參加演習,這是俄海軍首次參加該系列軍演。

　　韓國和印度也是首次參加「2012 年環太平洋」聯合軍演。韓國的《中央日報》報導說，韓國海軍陸戰隊此次前往美國訓練是自創建以來的首次。韓聯社又說，相關人員早在 1 日就從浦項出發，登上美軍直升機搭乘在海上待命的美國登陸艦上前往夏威夷。在演習期間韓軍將和美海軍陸戰隊一起在夏威夷瓦胡島的訓練場進行搜索、偵察和城市及叢林作戰訓練。

　　此外，2012 年的「環太平洋」演習，美國為了突出夥伴國的地位，首次出現美軍將領不再包攬演習指揮權的情況。以往的「環太平洋」聯合軍演都是由美軍將領擔任關鍵指揮角色，但該年除總指揮仍由美海軍第三艦隊司令傑拉爾德‧比曼中將擔任之外，其他關鍵指揮角色將首次由非美軍將領擔綱，其中多國聯合部隊的副司令將由加拿大海軍少將羅恩‧勞埃德、日本海上自衛隊海將補（相當於海軍少將）北川文之擔任；海上演習將由澳大利亞海軍准將斯圖爾特‧邁耶指揮；空中演習則由加拿大空軍准將邁克爾‧胡德指揮[5]。

　　故意凸顯出加拿大、日本和澳大利亞等夥伴國的地位，故意邀請俄羅斯參與這項演習，表示 2012 年的環太平洋軍演已經不再是為了對付俄羅斯的太平洋艦隊，更多的邀請亞太相關國

---

[5]　http://world.people.com.cn/BIG5/14549/18238744.html

家參與這項軍演，很明顯的是在拉攏這些國家，做完這些動作之後，唯獨不邀請中國大陸參與軍演，美國有意的釋放出她的明確的政治訊息，就是 2012 年美國的重返亞太戰略就是為了對抗中國大陸，美國已經將與中國大陸的對抗公開化。

除了擴大環太平洋軍演之外，美國也擴大了美菲「肩並肩軍事演習」的規模，對象仍然是針對中國大陸。2013 年，由美國主導的美菲「肩並肩軍事演習」擴大到 8000 人，為了這項演習美國派出 F18 一個中隊，這在過去只派出四架戰機參與演習。當然，菲律賓參謀總長包蒂斯塔和美軍演習副指揮官辛卡克都會按照慣例的強調「不針對任何國家與威脅」，可是，菲律賓的外長羅沙里歐在演說時卻明白的表示說，這次演習是在「菲律賓及整個區域的關鍵時刻登場」、「過分的海事及領土索討不僅造成了不確定性，同時也損害到法治，區域的和平與穩定被置於嚴重危險的境地」。之後他也承認，他的演說指責對象就是中國大陸，這樣的行為，被解讀為美國以軍事武力去鼓勵菲律賓更加有力的對抗中國大陸[6]。

---

[6] http://news.gpwb.gov.tw/news.aspx?ydn=026dTHGgTRNpmRFEgxcbfVEV3cQibTDk/3zFY4u8tBdLwXhdwUJd%2BGbP/SclovIn0KJJTOJPXi7ohUTPp4u/7YzIf5XOL/5ZL8ykg2KVU0M%3D

　　除了菲律賓，美國也需要越南和印度，因此，加強與印度的聯繫，發展與印度的聯合軍演成為美國重要的軍事外交工作。從 2010 年開始，美國開展了與印度進行首次 2+2 的戰略對話，此後，就形成每年都舉行的年度戰略對話。在發展與印度之間的關係上，美國需要日本的協助，這是因為，日印的經濟發展相當密切，如果有日本的協助，美國比較容易改善跟印度的關係。在安全議題，美國希望而且也需要日本和印度能夠更加的投入到亞洲的安全問題之中，美國認為印中之間的領土矛盾和瑜亮情節是可以加以利用的，美國因為國防預算縮減之故，希望印度能夠擴大其海軍在西太平洋的參與，這個主張符合印度的利益，然而在國防預算方面，日本能夠扮演更重要的角色，所以，她希望日本能夠解禁集體自衛權、增加國防預算支出並且修改武器輸出的三原則。2011 年 11 月 2 日，日本防衛大臣一川保夫與到訪的印度國防部長安東尼商定，日本海上自衛隊和印度海軍將於 2012 年年初舉行首次雙邊海上聯合軍演[7]。日印軍事合作關係不斷的加強，這些是美國所需要的，相對而言，印度與日本也希望能夠利用美國的力量來遏制中國大陸在亞太區域的發展，因此，在 2014 年 7 月，美國海軍、日本海上

---

[7]　http://www.globalview.cn/ReadNews.asp?NewsID=26982

自衛隊及印度海軍就在日本四國南部至沖繩東部海域舉行了代號為「馬拉巴爾」海上聯合演習。演習是從 2014 年的 7 月 24 日持續進行到 7 月 30 日，大部分的媒體都認為，這次美日印聯合軍演的目的在加強三國在海上安全領域的合作，強化美印日三國的協作能力，以共同對抗海洋活動日益活躍的中國[8]。

---

[8]　http://www.miercn.com/bdnews/201408/344588.html

第五章　亞太區域相關國家
對美國重返亞太戰略的應對措施

　　美國原先設想是利用與中國大陸存在著島嶼主權的爭議或地緣政治的矛盾，藉由軍事姿態來擴大相關國家跟中國大陸之間的矛盾，進而達到她所希望建構的「亞太區域反中統一戰線」，孤立中國大陸並且增強美國在亞太地區的影響力和權力。

　　然而，事態的發展常常與設計的目標不盡相符，針對美國的這些軍事姿態和經濟作為，亞太相關國家也都基於自身利益的考量，不論是相互利用也好，或是因著作用力產生的反作用力也罷，這些力量彼此之間相互激盪的結果，首先出現的就是原本相對穩定的亞太情勢，開始呈現出較不穩定的局面，從東海到南海，只要有美國介入的地區，情勢就開始變得更加難以控制，局勢逐漸呈現初步穩定的現象。

第一節　東亞地區

一、日本與中國大陸

　　面對美國的重返亞太戰略，日本政府很快的判斷出美國的企圖，換言之，日本很清楚美國的所作所為都是為了對付中國大陸，如果能夠好好的利用美國需要加緊與日本的同盟關係，日本可以藉此獲得更多的利益。所以，日本開始改變原有的政策，東亞地區率先的發生不穩定的情勢。2010 年 5 月，日本的鳩山政府啟動了兩項措施，這兩項措施同時引起台灣和大陸的不滿，也為後來中國大陸劃定東海防空識別區打響前奏曲。

　　第二次世界大戰之後，1950 年代，在東亞地區爆發了朝鮮戰爭。朝鮮戰爭結束之後，美國為了增加空中的預警能力，在日本、韓國和台灣以及其本土和加拿大都片面的劃設有防空識別區，至於琉球群島部分，在美軍控管時期，美軍將通過與那國島上空的東經一百二十三度線，設定為台灣與日本防空識別圈的交界，一直到沖繩被「交還」給日本後的數十年，還是沿

用同樣的防空識別圈。這些防空識別區都是片面行動，未經聯合國批准，也沒有簽訂任何國際公約，因此，都不具備國際法性質，也未被國際社會所承認和接受。

當美國宣布重返亞太戰略的時候，日本鳩山政府就在第一時間，利用美國的重返亞太戰略，企圖改變日本最靠近台灣的與那國島上空的防空識別區，這條戰後就由美軍所設定的東經一百二十三度防空識別區界線，當美國對琉球群島的託管結束之際，釣魚臺的主權問題就凸顯出來，在台灣留學生和民間社會激烈的情緒之下，美國打算採取對釣魚臺的主權不持立場的政策，也就是保持中立的政策，但是將釣魚臺的行政管轄權交由日本來管理，如此將會涉及到防空識別區的問題，所以，美國的做法是釣魚臺的防空識別區隨著行政管轄權化歸給日本政府，但是，再將台灣的防空識別區延伸到附屬於琉球群島的與那國島中央，如此，台灣的防空識別區就涵蓋到日本領空在內。也就是說，日本的防空識別區涵蓋了我國的釣魚臺的領空，台灣的防空識別區也涵蓋了日本與那國島的領空。

當時，日本防衛省強調他們已經決定將要在 2010 年 6 月間，對所謂的防空識別區進行一些改正作業，改正之後，他們會透過外交管道跟台灣進行交涉。日本方面認為，在美國偏袒日本的壓力之下，應該可以獲得台灣當局的諒解和接受。但是，

日本的這項所謂改正作業，實際上就是把台灣現在所管理到的
與那國島領空部分，改劃歸日本管理，但是日本不會歸還釣魚
臺的防空識別區給台灣。

為了落實這項政策，當時的日本首相鳩山由紀夫就安排，
在 5 月 23 日，到沖繩島進行訪問，在訪問期間，他故意安排沖
繩當地的政府，提出希望將與那國島的防空識別區劃歸日本的
要求，然後他再假意的被動回應要「盡快解決此一問題」，就在
鳩山回應之後，日本防衛省便受命要緊急處理，希望能在 6 月
間進行改正。鳩山同時要求日本的外務省要盡快與台灣當局進
行交涉，希望擴大日本的防空識別區的範圍，而且到擴大到與
那國島以西的公海上空[1]。基本上，防空識別區是劃設的國家為
警戒外來國家軍機入侵而設立的，在領空之外側設置一個警戒
區域。如果有不明飛行體沒有通報就進入某防空識別區，該防
空識別區管轄國可派遣戰機緊急升空應對。

日本政府的這種侵犯我國的作為當然引起我國外交部強烈
的抗議，我外交部於 6 月 24 日，晚間就針對日本片面重劃「台
日防空識別區」表示「極度遺憾」，並發布新聞稿重申台灣不接
受的立場。外交部強調，日本政府此舉將導致未來台日雙方的

---

[1]　http://city.udn.com/54543/3989228#ixzz2w8LOmJhp

「防空識別區」在與那國島上空產生部分重疊，但台灣仍會堅持在此空域的現行作業方式，確保台灣航管及飛航安全。」我國[2]與日本的關係緊張起來，所以，片面的劃設防空識別區並且劃設重疊的防空識別區主要發動者是日本，對此，美國幾乎充耳不聞，但是，如果台灣與日本的關係惡化，台灣與大陸的關係越加改善，兩岸和解並且越走越近的話，將會衝擊到美國孤立大陸，使大陸突破第一島鍊，如此，將影響美國的戰略布局，最終導致美國的失敗，這就不是美國所樂意見到的。

除了防空識別區外，日本也強化其最南端的沖之鳥礁的海島地位。因為，日本想藉用混凝土將這塊快要被海浪沖垮的海上礁石團團圍住，在上面飼養珊瑚，希望在漲潮的時候也能浮上水面，如此她就可以稱作是日本所屬的島嶼，一旦成為島嶼，她就可以藉以擴張日本的領海和經濟海域的版圖，日本的這個舉措自然會引起中國大陸的不滿，大陸認為沖之鳥礁只不過是海上的一塊礁石，不承認是島嶼。但是，日本的國會也在 6 月 26 日特別通過了「離島保全法」，確認那就是日本領土的島嶼。日本國會參議院在 6 月 26 日在全場一致同意的表決下，通過「低潮線保全、據點設備建設法（離島保全法）」，讓這項法案正式

2　http://big5.cri.cn/gate/big5/gb.cri.cn/27824/2010/06/25/541s2898594.htm

成立，並將在這個月內付諸實施，日本的這個行動引起中國大陸強烈的反彈[3]。

　　除了擴大防空識別區和沖之鳥礁以外，日本開始在釣魚臺上作文章，2012 年 4 月 18 日，東京知事石原慎太郎在美國華盛頓提出要購買釣魚臺的主張，認為不應考慮他國是否高不高興的反應。同月 26 日，日本網民發起一人捐一萬日幣的活動，作為購買釣魚臺的基金，5 月 13 日，中國大陸總理溫家寶與日本首相野田針對釣魚臺主權問題發生激烈的爭鋒。兩國關係進入緊張局勢，但是野田政府絲毫不為所動，繼續推進釣魚臺國有化的進程。6 月 7 日，日本外務省譴責一直反對釣魚臺國有化的日本駐華大使丹羽宇一郎，2012 年 7 月 25 日，日本首相野田佳彥在東京表態支持日本國人以「慰靈祭」的名義，登陸釣魚臺去祭奠第二次世界大戰出征南洋的大日本帝國皇軍。同日，日本外相玄葉光一郎在記者招待會上公開明確表態，美國在琉球群島部署 MV-22「魚鷹」運輸機就是為了遏制中國所作的積極備戰[4]的準備。

---

[3]　http://city.udn.com/54543/3989228#ixzz2w8LOmJhp

[4]　http://zh.wikipedia.org/wiki/%E6%97%A5%E6%9C%AC%E6%94%BF%E5%BA%
9C%E8%B4%AD%E4%B9%B0%E9%92%93%E9%B1%BC%E5%B2%9B%E4%
BA%8B%E4%BB%B6

　　面對中國大陸和日本為了釣魚臺主權的爭議日漸緊繃時刻，2012 年 8 月 5 日，馬英九利用中日合約生效六十周年之際，提出了「東海和平倡議」，日本外務大臣玄葉光一郎隨即於 8 月 7 日，針對馬英九的「東海和平倡議」作出回應，他說：「從釣魚臺主權問題上來說，我們無法接受台灣獨自的主張。但日本不希望釣魚臺影響到良好的日台關係。」「釣魚臺的主張無法接受。但關於東海的合作方式，雖然目前並沒有具體方式，但並不是不可能的[5]。」2012 年 9 月 10 日，日本政府以 20.5 億日圓從栗原弘行手中「收購」釣魚臺列嶼南小島和北小島，並於 2012 年 9 月 11 日支付。馬英九的「東海和平倡議」遭到日本拍臉，日本繼續執行釣魚臺國有化的政策，馬英九維護釣魚臺主權的軟弱行為受到大陸廣大民眾的質疑和譴責，馬英九對大陸民眾的影響力快速的下降。

　　事實上，在釣魚臺主權的爭議上，台灣處於極為敏感和有利的地位。台灣如果處理得當，可以有效利用以小博大的槓桿作用，遊走於美國、中國大陸和日本之間，將利益最大化，但是如果處理不當，也可能讓自己陷入極為窘迫的困境。積極捍

---

[5]　http://zh.wikipedia.org/wiki/%E6%97%A5%E6%9C%AC%E6%94%BF%E5%BA%9C%E8%B4%AD%E4%B9%B0%E9%92%93%E9%B1%BC%E5%B2%9B%E4%BA%8B%E4%BB%B6

衛釣魚臺主權原為台灣最應該進行的最佳選擇策略，既可照顧到民族大義，又可達到牽制日本政府不要朝極右方向行走的作用，但是很遺憾的，馬政府並沒有採用積極捍衛釣魚臺主權的作為。相反的，他似乎比較顧慮美國的看法，配合美國的行動，讓釣魚臺的主權爭議成為中國大陸和日本的問題，台灣失去角色扮演的舞臺，也造成大陸和日本關係的緊繃，東亞局勢進入非常不穩定的狀況，而東亞局勢的不穩定不利於大陸、日本、韓國和台灣的發展。

對於釣魚臺的主權問題，日本早就存有將釣魚臺國有化的念頭。2004 年，當時的首相小泉純一郎因為參拜靖國神社，中日關係陷入低谷，當時日本政府就已經有針對釣魚臺「國有化」的政策進行探討和研究。在 2006 年前後，日本政府就以國有土地換取釣魚臺等方式同「土地所有者」進行過接觸。但是當時日本政府考慮到此事若被中國大陸得知必將引起震動，因此，都不敢付諸實施。直到美國訂下重返亞太戰略政策，野田政權原本認為如果能夠在「不進行對外說明、在不為人知的情況下將其收歸國有是最理想的」。然而，東京知事石原慎太郎的 4 月有關「購島」的發言，使整個局勢發生了根本改變，野田匆忙指示親信探討對策，一個月後在上述會議作出了決定。

　　另一方面，石原慎太郎也是從 2011 年 12 月，才開始同「土地所有者」進行交涉，交涉過程中曾讓其長子、當時的自民黨幹事長石原伸晃一同出席。相關人士回憶稱：「（石原）原本打算如果石原伸晃當上首相的話，把（釣魚臺）轉讓給日本政府」。2012 年，8 月 19 日，野田為了要解決這一原本希望暗中進行的購島問題，在首相官邸接見了石原慎太郎。石原藉此會面的機會，提出在島上建避難設施是同意「國有化」的條件，但是野田認為，如果避難設施建成後，中國船隻以確保安全為藉口要求利用這一設施的話就很難拒絕。因此，野田表示「請給我一周時間考慮」而沒有立即答覆。當日本政府同所謂的「土地所有者」就所謂的「所有權」轉讓基本達成一致後，同年 9 月 4 日，長島作為首相代理去造訪石原，並表示歉意稱：「野田政權為了國有化已經盡了全力，做得不夠的地方請讓下一任政權處理吧。」石原回應道「你也很辛苦」，雙方偃旗息鼓。

　　2012 年 9 月 9 日，野田在 APEC 峰會期間同中國國家主席胡錦濤進行了短暫交談。當時胡錦濤對野田嚴正表示：日方採取任何方式「購島」都是非法的、無效的，中方堅決反對。據當時了解中日交涉過程關係人士說：「8 月末外務副大臣山口壯送交給胡錦濤的野田親筆信裡沒有寫明日本的『國有化』方針」。

　　儘管批評野田政府的應對措施倉促，但上述報導仍然暗示日本政府應更「巧妙」地「國有化」釣魚臺。換言之，日本政府和政黨領袖就是要利用美國會硬挺日本的時機，或明或暗的用盡各種手段的改變釣魚臺的現狀。中國大陸當然很清楚日本的目的和作為，所以大陸的外交部副部長張志軍於同年 10 月 27 日嚴正的向日本表示：「日本沒有權力拿中國的領土來進行任何形式的買賣，釣魚臺的寸土滴水、一草一木都不容交易，不管日方以什麼形式『購島』，都是對中國領土主權的嚴重侵犯。」

　　同年 11 月，日本自民黨政務調查會長甘利明在自民黨總部向媒體透露，自民黨為研究強化日美同盟的方略，近日將成立一個黨總裁直屬的外交相關執行總部。總部長由曾任外相和防衛相的副總裁高村正彥擔任，力爭加強因民主黨執政而出現動搖的日美同盟[6]。對日本而言，正如一些日本學者，如日本慶應大學教授安田淳、日本 PHP 研究所研究員前田弘子等所指出，美國「重返亞洲」已使日本新政府對美外交迅速大回轉，日本在美國亞太戰略中的重要性得到凸顯。在這種態勢之下，日本對華更多採取了利用美國遏制中國及利用中國與周邊矛盾擴大自身影響力的政策[7]。

---

[6]　http://news.sina.com.cn/c/2012-11-02/064925493759.shtm

[7]　http://big5.xinhuanet.com/gate/big5/news.xinhuanet.com/mil/2011-11/09/c_122253087_4.htm

二、韓國與中國大陸

　　韓國與中國大陸也存在著島礁主權的爭議，這主要就是蘇岩礁了。但是韓國經過試探之後，採取與日本不同的策略，並未讓蘇岩礁的主權爭議成為韓國與中國大陸的引爆點，我稱之為韓國「適可而止」的蘇岩礁策略。

　　在國際法上，蘇岩礁是公海上的礁岩，對該海域的管轄權需通過海域劃界會談來決定。中國大陸和韓國都主張蘇岩礁海域屬於其專屬經濟區（EEZ）之內，在地理位置上，蘇岩礁距離韓國最南端的馬羅島有 149 公里，距離中國大陸附近海域為 247 公里，所以，蘇岩礁所處的海域是在中國大陸和韓國的專屬經濟海域（EEZ）的重疊區域裡。為了解決這個重疊的專屬經濟海域問題，中韓兩國從 1996 年起，至 2008 年 11 月，先後舉行了十四次的會議，去討論和希望能確定海域的分界線，但多次的會談都未能縮小彼此間分歧的意見。

　　蘇岩礁之所以會成為中韓兩國明顯的爭議區，主要是從韓國開始主張蘇岩礁是韓國所謂的「離於島」之後開始的，韓國將蘇岩礁命名為離於島，並且主張蘇岩礁屬於韓國所有，如果蘇岩礁成為韓國的離於島，韓國的領海就可以往中國大陸的方向推近，專屬經濟海域也就改變了，如此，韓國將擴大許多專

屬的經濟海域。從 2000 年下半年開始，韓國投下了約 12 億元台幣的資金，在蘇岩礁最高峰的南側 65 米處，興建了一座高 76 米（水下 40 米，水上 36 米）、重 3600 噸，相當於十五層樓高的巨大鋼筋建築物，還把它取名為「韓國離於島綜合海洋科學基地」。這個所謂的「基地」占地面積約 1320 平方米，韓國在這個基地上建有直升機停機坪、衛星雷達、燈塔和碼頭。還在這個所謂的基地上面派駐有 8 名常駐的所謂研究人員，十五天輪換一次，韓國這樣做的目的是希望能將蘇岩礁形成符合能夠常住人口且在漲潮的時候露出水面的所謂島嶼的定義。

中國大陸與韓國有關蘇岩礁爭議也隨著美國的重返亞太政策產生了微妙的變化。根據韓國方面的統計，在 2008 年一整年，進入蘇岩礁上空的中國巡邏機僅有一個架次，但是到了 2009 年增加為七個架次，2010 年為十個架次，2011 年為二十七個架次，2012 年為三十六個架次。中國大陸認為蘇岩礁在中韓兩國各自主張的專屬經濟區（EEZ）的重疊區域，因此韓國圍繞蘇岩礁主權的單方面行動不具有任何法律效力，所以，大陸出動巡邏機持續對韓國蘇岩礁海洋科學基地進行監視，同時也有宣示主權的意義。

在海事船隻方面，中國大陸的公務船進入蘇岩礁海域的次數也一樣有所增加。中國大陸的公務船進入蘇岩礁海域的次數

在 2008 年為兩次，2009 年增加為九次，2010 年略為減少為六次，到了 2011 年大幅增至三十五次後，2012 年又減少至二十五次，2013 年則再度減少為十次[8]。

韓國前總統李明博在 2012 年 3 月 12 日宣稱，蘇岩礁不是領土糾紛地區，如果韓中兩國就專屬經濟區（EEZ）達成協議，它「將自然而然地屬於韓國」。2012 年 9 月 24 日，李明博再度強調：「韓國政府應加強海上警備，以應對由朝鮮以及一系列地區島嶼爭端帶來的『不斷增加』的海上威脅。韓國政府制定計畫，如果中國派遣海監船，韓國就以海警艦艇應對；如果中國派海軍艦艇，韓國也將派海軍艦艇回應。」韓國每天對蘇岩礁海域進行一次航空巡邏，海軍驅逐艦和 P-3C 海上巡邏機不定期對該海域進行巡查[9]。

韓國外交通商部也表示，關於離於島（即中蘇岩礁）在國際法上的地位，由於離於島是水中暗礁而不是領土，所以離於島問題屬於海洋專屬經濟區問題。2013 年 6 月 27 日，韓國總統朴槿惠率領龐大的經貿訪問團對北京進行訪問，這個代表團是歷來規模最大的一次，2008 年當時的總統李明博率團訪問的時

---

[8]　http://hk.crntt.com/doc/1028/8/8/6/102888639.html?coluid=7&kindid=0&docid=102888639

[9]　http://baike.baidu.com/view/355979.htm

候只帶了 36 人，此外，朴槿惠還改變以往的慣例，先訪問日本再訪問中國大陸，她決定先訪問中國大陸，這就顯示出朴槿惠要加強與北京的關係。2014 年 7 月 4 日，習近平在美國國慶日的時候率領超過 200 名中國大陸的工商業界巨子訪問韓國，同時也改變過去先訪問朝鮮的慣例，這個回訪更顯示出中韓兩國關係在快速的加溫。

2013 年 11 月 23 日中國大陸宣布劃設東海防空識別區，並且將蘇岩礁和釣魚臺都涵蓋在東海防空識別區裡面，幾天之後，韓國政府於 2013 年 11 月 27 日表示，韓國已在離於島建設了海洋科學基地並加以利用，中方這次劃設東海防空識別區對於韓國利用該海洋科學基地不會帶來任何影響。除此之外，韓國沒有採取聯合美國和日本的反制策略，很明顯的，朴槿惠領導的韓國政府不打算擴大與中國大陸的矛盾，相反的，他們卻採取與日本不同的政策，正極力在建立與中國大陸更為緊密的政治和經濟關係。

第二節　東南亞地區

菲律賓的黃岩島事件和仁愛礁衝突

　　1992 年，菲律賓前國家安全顧問戈勒斯聲稱黃岩島是菲律賓的國土，從此就挑起菲律賓與台灣和中國大陸之間的爭端。1993 年，菲律賓開始對該島進行所謂的勘測、考察和巡邏。事實上，早在 1950 年代初期，駐守在菲律賓蘇比克灣的美國軍隊就將黃岩島開闢成為空軍炸射的靶場，這個情況跟釣魚臺是完全相同的，當初美國託管琉球群島的時候，也將釣魚臺作為美國空軍的炸射靶場。

　　1994 年，《聯合國海洋法公約》有關專屬經濟區的法規頒布實施之後，菲律賓政府就以黃岩島的地理位置位於其 200 海里的專屬經濟區內為理由，宣稱對黃岩島擁有海洋管轄權，後來又改為對黃岩島擁有主權。

　　到了 1997 年，菲律賓多次的出動軍艦和軍用飛機在黃岩島及其附近海域對民間組織的無線電探險活動進行跟蹤、監視和

干擾。同年 4 月 30 日，菲律賓兩位眾議員就搭乘海軍艦艇登上黃岩島，他們在島上豎旗立碑，並對中國大陸的人員進行攔堵和恫嚇。

2009 年 1 月 28 日，菲律賓參議院更進行三讀（即最後一讀）通過了 2699 號法案，即「制定菲律賓領海基線的法案」，該法案將我國所有的兩處島嶼劃為菲律賓所屬島嶼。同年 2 月 4 日，我中華民國外交部強烈的抗議並且強調「無論就歷史、地理、事實及國際法而言，南沙群島、西沙群島、中沙群島、東沙群島及其周遭水域屬於中華民國固有領土及水域，其主權屬於中華民國，不容置疑。中華民國對四群島及其水域享有一切應有權益，任何國家無論以任何理由或方式主張或占據，中華民國政府一概不予承認。」2009 年 2 月 18 日，中國大陸外交部也針對菲律賓國會通過「領海基線法案」發表聲明。中國大陸的國防部新聞發言人耿雁生就中國海軍針對南海問題的態度作出了回應，並且強調中國大陸的軍隊將密切配合漁政、海監等部門共同維護國家的海洋權益。

2009 年 3 月 10 日，菲律賓總統阿羅約不顧台灣和中國大陸的反對，正式簽署「領海基線法」，將南沙部分島礁和黃岩島劃入菲律賓的領土之內。中國大陸駐菲大使館立即於隔日，3 月 11 日，對此表示強烈反對和嚴正抗議。中國大陸和菲律賓兩國

針對黃岩島的爭議越演越烈。2012 年 4 月 8 日，菲律賓一架海軍偵察機發現在黃岩島潟湖內有 8 艘中國的漁船，隨後，菲律賓海軍便派遣其最大的戰艦「德爾畢拉爾」號護衛艦從巴拉望島出發北上黃岩島。4 月 9 日，陸續有更多海南省的漁船進入黃岩島潟湖，到了 4 月 10 日早上，菲律賓海軍護衛艦「德爾畢拉爾」號抵達到黃岩島海域，在大約早上 7 時 20 分的時候，該艦便派出一艘小艇進入黃岩島的潟湖，企圖去抓捕停留在潟湖的十二艘中國漁船，隨即登上中國大陸的漁船要逮捕大陸的漁民，與此同時，菲律賓的海軍官兵拿出了早已經列印好的全外文文字憑證，要求中國漁民簽字畫押承認「入侵菲律賓」。到了中午，中國大陸的國家海洋局獲悉菲方欲抓扣中方被困的漁船和漁民之後，立刻派出正在附近執行南海定期維權巡航執法任務的中國海監 75 號和海監 84 號編隊趕赴該海域。中午 12 時 30 分左右，中國海監船 75 號和海監船 84 號抵達該海域，菲律賓海軍不敢將中國大陸的漁民帶上軍艦，便將中國大陸的漁民留置在其漁船上，撤退回到自己的護衛艦上，開始和中國大陸的海監船展開對峙。隨後，在美濟礁守礁的中國漁政 303 船接到呼救信號後立刻出發，趕往 300 海里外的事發現場實行護漁任

務[10]。雙方對峙了相當長的時候，菲律賓不支撤退回去，從此之後，中國大陸控制了黃岩島海域。

2013 年 1 月 21 日，菲律賓外交部長正式承認中國已「實質上控制」黃岩島，菲律賓的船隻已經不再能夠進駐該海域。同年，8 月 31 日，菲律賓國防部長加斯明（Voltaire Gazmin）在其國會聽證會上表示，菲律賓空軍、海軍在黃岩島上發現混凝土砌塊，他說，這違反了中國與東協在 2002 年簽訂之《南海各方行為宣言》當中的「中國在條約中保證避免占領南海上的島嶼。」加斯明在聽證會後表示「我們已有前車之鑑，先是石塊，接下來就是打樁機，然後出現地基。如果你不持續監看，最後你就會發現一座要塞。為避免舊事重演，菲律賓必須在黃岩島上駐軍，但就目前而言，我們沒有這樣的能力。」菲律賓外交部長羅薩里奧（Albert del Rosario）亦指責中國試圖在南海行為準則達成前拓展領土疆域[11]。

歐巴馬的重返亞洲戰略，在政策取向上，有意的明白顯示他會偏袒南海爭端中的東南亞國家的相關方。美國也調整了在南海問題上的政策立場，試圖擴大她在南海地區的軍事存在，

---

[10] http://baike.baidu.com/view/50579.htm

[11] http://zh.wikipedia.org/wiki/%E9%BB%84%E5%B2%A9%E5%B2%9B%E4%B8%BB%E6%9D%83%E9%97%AE%E9%A2%98 黃岩島主權問題

而且也不斷強化美國在這個地區的政治、軍事滲透活動，甚至開始公開支持某些爭端國的主權要求。特別是在對待越南和越南國內的民族主義時，美國更多地站在了中國的對立面。

從 2009 年之後，美國高階官員接二連三訪問越南，共和黨參議員麥凱恩在 2009 年開始訪問越南，在訪問期間，他主動表示：希望越南向南海周邊的美國盟國和友好國家靠近，而且他也要求進一步加強美越的關係以回應中國大陸在南海地區提出的所謂「安全新挑戰」。2009 年 8 月 29 日，美國前任駐越大使雷蒙德‧伯格哈特訪問河內，他就主張美國和越南兩國在維護地區軍力平衡、抑制中國勢力擴張方面具有共同利益。

由於越南自己知道單憑自身的實力，她是無法與中國大陸相抗衡的，因此，越南也利用美國的重返亞太戰略，樂於接受美國等區域外大國如日本和印度在南海問題上對她的支援。從 2010 年美國高調介入南海事務以來，南海問題日益複雜，一些南海島礁聲索國加大了對海洋權益的爭奪力度。越南利用這個機會，表現得更加有恃無恐，在爭議地區不斷採取單方面行動，損害我們的主權和海洋權益，而且她還試圖要使南海爭議擴大化、複雜化、國際化。2012 年，美國國防部長帕內塔、國務卿希拉蕊也於 6、7 月間相繼的訪問越南，而越南也樂於美國對她

的重視，因此都給予美方高規格的接待。美國這樣的舉動被解
讀為美國希望盡快的與越南改善關係。

2012 年 3 月，越南曾經兩度接近太平島，與我駐守在太平
島的海岸巡防官兵發生小規模的開槍示警。同年又兩度派遣蘇
-27 飛越太平島上空，侵犯我領空。對此，馬英九決定加強太平
島的防禦能力以作為因應。越南接近太平島的目的除了刺探台
灣的應對措施和意志之外，也在觀察中國大陸的可能反應，同
時看看美國對越南的支持態度。

第六章　面對美國的攻勢作為
中國大陸的反應

　　中國大陸的學者普遍認為，美國亞太戰略的調整將給中國周邊的利益，尤其在東亞經濟一體化和解決地區熱點與歷史遺留問題方面所作出的努力帶來各種消極影響。美國的介入使得美日、美韓和美國-東盟國家之間的軍事聯繫進一步加強，東盟、韓國等國在中美之間的游移投機行為會增多，中美在東南亞等地的影響力競爭會加劇[1]。

　　這些年來，中國大陸努力建構一個以中國大陸為核心的中國大陸與東盟十國經濟一體化、東亞經濟一體化和東亞經濟體與東盟經濟體一體化的亞太經濟一體化。無疑的，經濟的影響力常常伴隨著政治影響力，因此，隨著亞太經濟一體化的發展，中國大陸的影響力日漸的增強，這就動搖了美國對亞太區域的影響力，從而讓美國認為她的國家利益受到損害。

---

[1]　http://big5.xinhuanet.com/gate/big5/news.xinhuanet.com/mil/2011-11/09/c_122253087_4.htm

　　美國的重返亞太，亞太再平衡戰略正是一種與中國大陸全面性較量或者說全面性爭奪亞太區域領導權的戰略，透過挑弄與中國大陸有領土島嶼主權糾紛的國家，不斷的凸顯中國威脅論的可能性和合理性，激化東亞和東南亞國家的不安全感，同時強烈的向這些國家展現出，美國可作為她們的可信賴的依靠，爭取這些國家向美國靠攏。除了軍事以外，又透過排除中國大陸的 TPP，建構起以美國為核心的亞太經濟一體化。

第一節　從韜光養晦到國防科技實力展示

　　面對美國這樣強勢的攻勢戰略，中國大陸開始調整她們的對外政策的大政方針，為了能夠順利的、沒有折騰的實踐全面性的改革開放，中國大陸需要一個和平而安定的環境，「韜光養晦」和「不爭霸」就是鄧小平為中國大陸所設計的大戰略。在這項大戰略的指導之下，中國大陸對外的政策基本上是沒有聲音的，在聯合國安理會的決議上，很少使用否決權，盡量做到不與美、蘇、歐盟等國起爭議。但是「韜光養晦」不代表中國大陸就不進行必要的、全方位的國防科技研究和發展。正好相

反，中國大陸充分利用經濟的快速發展所帶來的財政優勢，和高等教育中的人才優勢，靜靜的對國防科技進行加速度的研究和發展。

美國對中國大陸情報工作的缺陷，影響了美國的戰略設計，這個缺陷和帶給美國政府決策失誤的負面影響，從美國的重返亞太戰略中明顯的嶄露出來。基本上，在制定重返亞太戰略上，使用美國認為具有絕對優勢的軍事武力，作為訛詐或威懾手段是可以產生效果的。美國認為中國的國防科技不足對美國的軍力構成足夠的威脅，因此，美國可以依靠強大的軍事威懾力量迫使中國大陸屈服。所以，美國可以大膽的進行軍事前沿部署的「海空一體化戰略」，而無須擔憂中國大陸的軍力會威脅到美國前沿部署的軍事力量。她們認為，在與中國大陸的較量中，大陸會如 1996 年台海危機時，美國向台灣派遣兩艘航母戰鬥群迫使中國大陸退卻一般，美國可以充分利用軍事力量的優勢作為，迫使中國讓步。

美國對中國大陸國防科技發展情報蒐集和分析的誤判給美國的戰略設計帶來極為嚴重的影響，美國前國防部長蓋茨在他的回憶錄中，講述了美國面對中國大陸新一代戰機帶給他的衝擊。在 2011 年 1 月蓋茨訪問中國時，中國有意在他訪問中國大陸的時候，同時進行了下一代隱形戰機，也就是殲-20 的試飛，

以顯示中國大陸新一代空軍的軍事實力。對於中國大陸試飛殲-20 的這一件事，蓋茨說：「就像與我很親近人士所作的分析一樣，這是對我最大的侮辱。」在試飛兩個小時過後，胡錦濤向蓋茨解釋說：「這是早就預定的科學測試。」但蓋茨在他所寫的回憶錄中強調：「我不相信胡錦濤的解釋[2]。」

一、中國大陸推出不對稱戰略──拒阻戰略

所謂「拒阻戰略」或叫做「反介入戰略」是一種防禦型的戰略，屬於積極防禦戰略的範疇。它的基本原理就是利用某種難以有效預防的武器，對進入大陸沿岸 2000 到 3000 公里的大型船艦進行有效的、致命性的打擊，這種武器必須符合難以或無法有效的對其進行攔截、對移動目標能夠進行精準的定位以及爆炸威力必須要能夠滿足擊沉大型戰艦的要求。基本上，這種武器指的是東方 21 類型的導彈。

大陸重點發展有效射程在 2000～3000 公里的、可變軌的東風 21 型的制導式飛彈跟 1996 年的台海危機有著密切的關聯。1996 年，兩岸關係相當緊繃，大陸在台海四周進行導彈實彈演

---

2 http://news.ifeng.com/world/detail_2014_01/17/33123997_0.shtml

習，美國柯林頓總統為了嚇阻大陸對台灣進一步的軍事行動，調遣兩個航母戰鬥群進入台海附近。這個舉措嚴重的刺激了中國大陸的軍方和最高決策當局，因為，大陸發現她們軍力的明顯不足，美國有能力起動航母戰鬥群的空中武力對大陸內陸進行常規性的軍事打擊，而中國大陸卻無能力與之對抗。從此，大陸走向「不對稱戰的戰略」，開始優先發展各類型的精準式導彈，其中，重中之重為能夠有效打擊進入大陸沿岸 2000～3000 公里距離的大型移動船艦，也就是美國航母的艦載機的有效作戰半徑的範圍。如果能夠在 2000 公里外精準的摧毀美國的航母戰鬥群，美國將無能力介入台海之間的戰爭，也會對 2000 到 3000 公里內的設在大陸周圍的美國軍事基地進行有效打擊。如此，美國就不再具有威儡大陸的常規性武裝力量。

二、展示各類型能夠進行高技術條件下局部戰爭的武器

爭奪區域的空中優勢，也就是獲取有限度的制空權[3]：

---

[3] 【文匯網訊】據參考消息網報導，美國《空軍雜誌》月刊 2013 年 1 月號刊登了一篇題為〈認識一下嶄新的人民解放軍空軍〉的署名文章。作者為美國國際和戰略關係獨立研究所所長麗貝卡‧格蘭特。

　　美國國家航空航太情報中心（NASIC）在 2010 年的一份權威報告中稱：「種種跡象表明，解放軍空軍在下一個十年將繼續完善，到 2020 年，中國可望擁有世界上最傑出的空軍之一。」2011 年 1 月，解放軍空軍的殲-20 公開首飛，引起世界各大新聞媒體的關注。這款隱形飛機首飛的例子證明了中國大陸的空軍通過從俄羅斯採購、特許生產和經由她的瀋陽飛機工業公司和成都飛機工業公司的努力之後，正在經由自行研製等方式，大步的走向航空工業現代化的路途。

　　除了新一代戰機之外，中國大陸還系統性的增加了許多具有國際水準的先進性導彈，她們也升級了老牌轟-6 轟炸機，繼續加強研發機載預警系統。另外，中國大陸的空軍還擁有眾多先進的防空系統。在過去幾年內，大陸有關軍事理論和訓練方面的進步確確實實的加快。時到今日，大陸的空軍已經擁有好幾款可以在 21 世紀列編的殲擊機，這些殲擊機有些是從俄羅斯採購獲得的，有一些是中國大陸的兩大戰鬥機製造商——瀋陽飛機工業公司和成都飛機工業公司——按照這些許可證進行生產的。初步估計，這些新式飛機總共有：大約 400 架，他們的氣動性能和武器裝備可能可以達到接近於美國除了 F-22 和 F-35 以外的戰機。大陸的空軍稱其空中武裝力量的結構為「雙層」系統。在中國大陸 2008 年的一份國防檔案裡，寫明了大陸的空

軍「基本形成以第三代飛機和地空導彈為骨幹，以第二代改進型飛機和地空導彈為補充的主戰武器裝備體系」。

美國五角大廈 2012 年中國軍力報告書中強調，解放軍的空軍擁有 1570 架殲擊機、550 架轟炸機、300 架運輸機，另有 1450 架舊式飛機。不過，該報告沒有提供全面的戰鬥序列。這個報告書又指出，評估解放軍空軍的更具體方式是採用它自己的「骨幹」和「補充」力量衡量標準。骨幹力量對應的是美國第四代戰機。補充力量主要是米格-21 的衍生機型。

從美國的這些數字透露出，中國大陸大概已經擁有超過 400 架美國所說的第四代戰機。美國軍事分析家理查德·費舍爾甚至預測這個數字還會上升。費舍爾在國際評估和戰略研究中心 2011 年底發布的報告中強調：中國大陸「從生產率來看，可以想像，到 2020 年，『現代』戰機所占百分比將超過 50%，或者說接近 1000 架。」

而在空空導彈技術發展方面來看，中國大陸同樣的重視這類型的導彈，沒有優良的導彈系統，再好的飛機也是起不了作用的，因為，飛機只不過是作戰的平台而已。中國大陸曾經透過仿製 AIM-7 系列來發展其空空導彈，但是如今，她已經擁有精良的短程和中程空空導彈。這些空空導彈主要類型是 R-27/AA-10 半主動雷達/紅外導彈、射程為 18.6 英里的紅外制導

R-73/AA-11 導彈、射程約為 31 至 50 英里的 R-77/AA-12 主動雷達制導導彈。當前，解放軍空軍的第四代戰機主要有四款，其中三款——殲-10、殲-11 和蘇-30——配備 R-77/AA-12 遠程先進空空導彈和國產霹靂-12 空空導彈。殲-8 戰機也能夠搭載導彈，這就使潛在導彈發射平臺達到 776 架。

隱形技術競爭

中國大陸有兩大航空航太公司幾乎同時推出兩款的隱形戰機驗證機。當然，這兩家公司都是中國航空工業集團公司的下屬公司。殲-20 和殲-31 可能會形成設計方面的競爭，類似於 2001 年洛克希德-馬丁公司的 X-35 與波音公司 X-32 之間的競爭。至少，這些新戰機展示了一種隱形戰機設計基礎，它吸收了國際上多種機型的經驗教訓，展開試驗性設計。

成都飛機工業公司的殲-20 最先升空，2009 年，中國空軍副司令員何為榮在接受中央電視台記者採訪時稱，隱形戰機即將試飛，八到十年內列裝。殲-20 在 2011 年 1 月美國國防部長羅伯特‧蓋茨訪華期間首次公開亮相。殲-20 的正面尤其具有很多與 F-22 相似的外部隱形設計曲線和特徵。

從側面到後面看，因整體機身、鴨翼、突出的發動機和薄薄的垂直尾翼安定面，外觀相似度降低，目前，它配備俄羅斯

製造的 AL-31F 發動機，這顯示大陸尚未突破超音速發動機的障礙。殲-20 的大小表明其可攜帶內部燃料的多寡，它有大型的炸彈艙，適合容納現在已知的中國大陸的導彈，包括巡航導彈和增程空空和空艦導彈。蘭德公司分析師戴維·A·什拉派克估計，殲-20 也許能夠超音速巡航，也就是在沒有加力燃燒室的情況下達到馬赫級速度。

潘陽飛機工業公司的殲-31（分析人士根據其機尾編號命名）於 2012 年 10 月 31 日第二個起飛。殲-31 的設計看起來更緊湊、更先進。可以說，它簡直就是 F-35 的第四種變形機。航空分析員白蔚對《印度時報》記者說，從它得到強化的前起落架和垂直尾翼安定面來判斷，「幾乎可以肯定，殲-31 的設計意圖是要具備在航母上操作的潛力。」

潘陽飛機工業公司殲-31 驗證機的起飛表明，中國的兩大戰機製造商無疑正在努力實現隱形。用美國的話來說，兩款 X 機型的出現表明了驗證與確認示範試飛競爭，全面的計畫可能距離投產不到五年。基本上，中國大陸的轟炸機並非新式，也不能隱形，但其火力裝備卻不容小覷。這是和俄羅斯相同的，中國大陸的空軍也是世界上為數不多擁有轟炸機群的空軍之一。中國的轟-6 轟炸機是源自蘇聯圖-16「獾」式轟炸機的老式設計，中國大陸總共約建造了 150 架轟-6 轟炸機，分別隸屬於解

放軍空軍和海軍。在 20 世紀 90 年代中期，大陸將其中 5 架轟炸機改裝成空中加油機。

就其飛機本身而言，設計於 20 世紀 50 年代技術的轟-6 並不突出，真正引人注目的是其搭載的巡航導彈。2001 年，有一架轟-6G 轟炸機首次試射了一枚增程空射型反艦導彈。根據報導，中國大陸至少還有一種變形機，也就是轟-6K，它能夠投射 6 枚「東海-10」巡航導彈或搭載 6 至 8 枚遠程空空導彈用於獵殺空中預警機，比如 E-3 預警機和 E-2C/D「鷹眼」。

「東海-10」巡航導彈是中國大陸的軍隊有關空襲發展動向的一個縮影，這是一種陸基型導彈，2008 年，中國大陸首次開始進行少量部署。到 2009 年，「東海-10」的數量已經達到 350 枚。當前評估表明，中國共有 200～500 枚射程為 930 英里的「東海-10」導彈。而東海-10 導彈有多少已被改良為從空中發射，美國到目前都無法獲得可靠的情報資料。

美國的中國軍力報告書中評估，大陸不斷增強的導彈能力使中國大陸能夠在太平洋上空製造足夠的混亂。根據美國國防部的估計，轟-6M 可攜帶 4 枚反艦導彈，而轟-6K 可攜帶 6 枚巡航導彈。所以，中國大陸可以將最先進的轟-6 轟炸機變形機和空射「東海-10」巡航導彈相結合，因而從理論上就可以把導彈的射程增加到 2000 英里以上。按照這些戰鬥規格來看，關島和

美國太平洋司令部其他設施的所在地都將在轟-6 轟炸機的打擊範圍之內。

十幾年之前，中國大陸就開始嘗試去發展或想辦法獲得類似於機載警報和控制系統的飛機，當時她曾經試圖去向以色列購買「費爾康」機載預警系統。原本以色列也有意要買給中國大陸，但是美國表示強烈的反對，在 2000 年，美國眾議院撥款委員會威脅要切斷對以色列的援助，以色列承受不了美國的壓力，這項交易最終被否決了。此後，中國自行研發了「空警 2000」雷達系統，並且將它安裝在伊爾-76 飛機上。另外有些報導說，中國大陸目前正在嘗試對波音 737-800 進行改裝，這個飛機更大，飛行時間更久，更有空間來容納這個雷達系統。初步估計，中國大陸目前已經擁有四種不同類型的作戰預警機。

中國大陸地面防空任務仍然是由空軍來負責，由於大陸的空軍在 1958 年就接收了一批「薩姆-2」導彈，從此以後，大陸空軍逐漸積累了大量老式地空導彈、先進的俄製系統和自主改造的「紅旗-9」等防空導彈系統。和戰機的發展一樣，解放軍空軍的地空導彈群除了約有 490 套老式發射裝置之外，它還有一支由大約 192 套發射裝置組成的高度現代化菁英力量。尤其值得關注的是 192 套「薩姆-20」、「薩姆-10」和「紅旗-9」型發射

裝置。「薩姆-10」的射程約 50 英里，但「薩姆-20」系列的射程在 93 至 124 英里之間。

據 NASIC 稱，中國大陸地空導彈部隊的訓練「高度重視夜間機動性」，典型的演練就是快速出發、安置到事先選好的發射地點、偽裝和隱蔽。中國研發的「海紅旗-9」是從海上發射的導彈，已經演示過從中國海軍的驅逐艦上進行發射。它的射程在 47 至 93 英里之間。有了「海紅旗-9」，中國的艦隊能調動到哪裡，就能將致命的防空力量投射到哪裡。

艦載航空前景

除隱形機之外，中國大陸空軍最顯著的擴張就是新增加的航空母艦。中國於 1998 年購買了前蘇聯的「瓦良格」號，從黑海拖回來進行了徹底翻修。排水量為 6.5 萬噸的「瓦良格」號是第二艘「庫茲涅佐夫」級航母，經過全面性翻修之後，瓦良格號於 2011 年 8 月出海試航。2012 年 9 月 25 日，這艘航母更名為「遼寧」號，當時的中國國家主席胡錦濤出席了命名儀式。張崢大校被任命為「遼寧」號的首任艦長。張崢只有 43 歲，曾經擔任一艘護衛艦和一艘導彈驅逐艦的艦長。在 2001 至 2003 年間，他在英國三軍聯合指揮與參謀學院學習英文和軍事理論。

2012 年 10 月，人民日報網站發表文章稱，海軍軍事研究所教授李傑指出，航母、尤其是航母艦隊能夠使海軍走得更遠並更加高效地開展海上偵察。和隱形機項目一樣，中國的航母也引起了激烈爭論。2008 年 12 月，諾曼・波爾馬撰文稱：「冷戰結束後的時代最具爭議的問題就是中國是否有計畫獲得航空母艦。」這篇文章還指出，「遼寧」號與美國海軍的「尼米茲」級航母有諸多不同。發射作業在主甲板上進行，一個呈 12 度角的滑躍式起飛甲板將固定翼飛機彈射升空。飛機使用攔阻索收回。「遼寧」號的船身原本是為自衛設計的，配有堪與「方陣」相媲美的自動甲板炮、遠程防空垂直發射筒和艦艦導彈。

雖然目前還沒有觀察到全面飛行作業，但 2012 年 10 月 12 日，瀋陽飛機工業公司的殲-15 在「遼寧」號上完成了觸艦復飛演習，11 月底又有兩架殲-15 成功地抓住攔阻索降落再重新從航母起飛。現在殲-15 在遼寧號起降已經成為常態。殲-15 艦載機是中國大陸製造的蘇-33 衍生機，適用於航母作業。中國大陸在 2001 年從烏克蘭採購了一架蘇-33 戰機（蘇-27 的升級版）。

美國國防大學分析員菲力浦・C・桑德斯和喬舒亞・K・懷斯曼預計，殲-15 將在 2015 至 2017 年間進入大批量生產，到那個時候將會「使中國擁有一款能夠從航母上作業的第四代戰

機」。該航母級別原本的設計是部署約 30 架固定翼戰機外加一些直升機。甲板組合既可以增強了威嚴性，又可以增強局部制空權。

美國對中國大陸軍隊的最終評估

美國的總結評估報告認為：解放軍空軍「逐漸成為一支裝備精良、訓練有素的部隊，但仍有一些明顯的缺陷和弱點」。「解放軍空軍的現代化仍有重大漏洞，其中最主要的是空中加油機太少。中國大概有 8 架伊爾-78 空中加油機，可能將 12 架轟-6轟炸機改裝成了加油機。」「此外，缺少實戰經驗也是一個因素。例如，美國空軍飛行員至少有一部分人有參加越南戰爭和『沙漠風暴行動』等的作戰經驗。實戰經驗和大規模軍事演習錘煉了空勤人員。中國上一批有實戰經驗的飛行員也參加了越南戰爭。迄今為止，沒有跡象表明中國的飛行員像美國部隊在『紅旗』演習等訓練中那樣積累技巧。不過，他們已開始參加一些國際性演習，比如 2010 年前往土耳其。」

「遠遠更難以評估的是中國空軍從基層到司令部各級將領的戰術智慧。一個有趣的事實是，中國大多數高級軍官是殲擊機飛行員，這個特點反映出解放軍空軍自組建以來的殲擊機飛行員數量之多。考慮到部隊的成長，中國現在將頂級裝備和以

信息戰為重點的理論相結合，給亞太地區其他國家的部隊帶來棘手的戰術難題。」

「地理位置可能仍是中國的最大優勢，因為這有利於部隊集結。中國的全部沿海和內陸領土都可用作殲擊機、轟炸機、支援機和偵察機的起飛地點。假設發生空戰，中國將在大本營附近作戰。而美國及盟國必須調兵遣將——這一任務只有在空中加油機、情報/監視/偵察機和空戰控制機的支援下才能完成，它們都比殲擊機和轟炸機本身更容易遭襲。」

「美國的技術可能仍領先中國十五年。但這並不能讓美國高枕無憂，尤其是在美國隱形機生產拖拖拉拉的情況下。卡萊爾的話言簡意賅，他說：『我們在隱形技術方面的優勢保持了很多年，這種時間差距不會再出現[4]。』」

---

[4]　http://news.wenweipo.com/2013/01/18/IN1301180003.htm

第二節　中國大陸對東海和南海的主權爭議展開針鋒相對的鬥爭

　　面對東海和南海相關國家藉由美國的勢力，試圖改變相關島嶼主權的現狀，中國大陸改變以往「韜光養晦」的策略，改採針鋒相對的做法，以破解其他國家群起效尤。基本上，對於強烈挑釁的國家採用高強度的應對方式，對於挑釁程度較低的國家則採用低強度的應對方式，但是基本的態度是，現狀一旦改變，就不能再回去，將會永遠改變現狀，以此警告想要藉由美國支撐來挑釁中國大陸的國家，要三思而後行，這是一場艱難的、需要戰略定力和長期性的戰鬥。

一、強硬的面對日本的挑釁

　　當日本不理會兩岸的嚴正抗議，開始將釣魚臺國有化之後，大陸開始致力於實質上改變日本對釣魚臺的行政管轄權，大陸開始派遣各類型的公務船艦進入釣魚臺以實施實質上的行

政管轄權。從剛開始的使用較小型的海監船到派遣大型的海警船進入釣魚臺領海內，實施維護主權的常態式巡航，徹底的改變了日本對釣魚臺的實質管轄權的現狀，使釣魚臺的行政管轄權產生現實上、根本上的變化，儘管美國一再表示絕不會承認中國大陸擁有釣魚臺的行政管轄權，但是大陸不為所動，仍然不間斷的進行海上的、空中的維權動作，不但進入釣魚臺領海內巡航，還對領海內的漁船進行登船臨檢等實際上實施行政管轄權，對企圖登島的日本民間船艦進行攔截和拖吊回大陸海岸的動作，這些都使得日本再也無法有效的壟斷對釣魚臺的行政管轄權。

基本上，大陸是透過從海上的維護釣魚臺主權，發展到維護釣魚臺領空的空中維護主權行動，透過偵查機、無人機和戰鬥機的常態性飛入釣魚臺的領空，改變日本對釣魚臺的空中管轄權。

其次，大陸更藉由劃設東海防空識別區，將釣魚臺和蘇岩礁劃入中國大陸的防空識別區，產生了中國大陸與日本、韓國相重疊的防空識別區，凸顯美國、日本、韓國等行之四十多年的防空識別區的不合國際法規範的特質，也改變了日本長期以來，對其所謂防空識別區的法理性和趨近於領空特質的努力功虧一簣。

二、強硬的面對菲律賓的挑釁

2012 年 4 月，中國大陸和菲律賓的軍艦在黃岩島對峙一個月後，中國大陸完全控制了黃岩島。2012 年 7 月 24 日，中國大陸更設立三沙市，行政管轄隸屬於海南省後，將黃岩島歸三沙市管轄。

2014 年 1 月 1 日，大陸又開始實施於 2013 年 11 月 29 日的海南省五屆人大常委會第五次會議表決通過《海南省實施〈中華人民共和國漁業法〉辦法修正案》。該辦法要求外國漁民到海南省管轄的海域進行捕撈作業時，須先向中國政府申請，否則，中國海警將有權利對違法捕撈的外國船隻進行行政處罰。此一舉措當然引起了菲律賓抗議，美國也對中國大陸提出警告。海南省漁業法修正案的提出主要的目的是針對菲律賓而來，如果有越來越多的菲律賓漁民透過網路登記，向中國政府提出捕撈作業申請，等於是菲律賓民眾承認了改海域是屬於中國大陸的管轄權。

三、終結越南聯合外國勢力對爭議海域的石油開採

在面對越南民族主義和越南官方在南海問題上越來越咄咄逼人的態勢，中國開始採取一些強勢措施，以維護其在南海地區的利益。三沙市的設立，主要的目的是為了捍衛領土主權，並且向越南和菲律賓表明大陸對維護海洋權益的政治意志是很堅定的，同時也是採取一種幾乎是不可變更、不可逆轉的方式，顯示了中國大陸對南海海域的主權和管轄權。這主要是對越南和菲律賓不斷的侵占南海島礁並進行「民事化」管理行為的強力回應。

2012 年 6 月，中國大陸的中海油更是宣布將在南海的部分區域進行對外聯合油氣資源開發，公開對外招標。這些區塊全部位於「九段線」中方一側，總面積為 160124.38 平方公里。這種做法也是對越南不斷向南海主權和經濟資源開發權「提出要求」的反制措施，2014 年 5 月，中國大陸更是將「海洋石油 981」深水油氣田鑽井平台移到有爭議的區域內以探勘石油，越南軍方派出軍艦阻止，引發兩國船隻在海上的對峙。新聞見報後，相當有可能的，越南政府有意煽動越南民眾發動了連串對於中國此一行動的示威與抗議，並在其後失控演變為對包含日本、

台灣在內的外資企業的打、砸、搶、燒的暴力攻擊，台灣廠商首當其衝，有人認為這是越南打台灣給大陸看。

大陸的學者認為：「過去，相比越南、菲律賓等南海爭端當事國，中國的南海政策更加理性、溫和，但在越南民族主義、越南官方在南海問題上頻頻興風作浪的背景下，中國政府設立三沙市、開發南海油氣資源等舉動，表明中國逐漸扭轉了之前的被動局面。我們在南海問題上趨向強硬的立場，可以促使越南等國在南海問題上有所收斂，而對美國、日本等區域外大國同樣也是一種震懾。就此而言，很大程度上可以認為，越南的各種民族主義活動與美國利用越南、遏制中國的戰略考量相契合，從而給南海問題的最終解決增添了新的變數[5]。」

基本上，中國大陸在面對由美國藉由擴大與中國大陸有主權爭議的矛盾，或明白的支持，或暗中的慫恿，這種興風作浪的方式，導致東海和南海情勢越來越不平靜的情勢，大陸採用強悍的爭鋒相對的方式，或是以海警的力量，或是以解放軍作為後盾的軍事演習，或是透過外交與美國或相關國家直白的予以較量。大陸的戰略目標很清楚，她必須煞住這股風潮，如果

---

[5] http://www.faobserver.com/Newsinfo.aspx?id=9167 越南民族主義對中越南海爭端的影響。作者：王卓一，來源：《國際關係研究》2013 年 3 期，發布時間：2013 年 10 月 15 日。

她任由這些風潮擴大和蔓延，將來更不可收拾，她也不可以允許這些國家在侵犯之後，回到以前的狀況，她必須藉這個機會改變現狀，如此，方能達到使她們在進行新的挑釁的時候，更願意三思而後行，如此才能達到煞住這股侵權風潮目標。

第三節　中國大陸新一代領導人的全球外交

中共於 2012 年 11 月 15 日，舉行第十八屆中央委員會第一次全體會議，這次會議選舉出 59 歲的中國大陸國家副主席習近平作為中國共產黨的總書記，同時他被任命為中央軍事委員會新的主席，中共完成了權力的和平轉移。2013 年 3 月 14 日，中國大陸第十二屆人大一次會議舉行第四次全體會議，在會議上，2000 多名人大代表投票，選舉習近平為新一屆的國家主席同時也擔任中央軍委主席，如此，習近平掌握了黨、政、軍等權力。

經過從鄧小平以來，三代人的累積，習近平藉由世界第二大經濟體、第一大貿易國和經濟成長與發展速度最快速的國家等優勢，開始展開全新的全球外交部署。習近平領導的執政團

115

隊已經不再侷限在區域的發展，他們從全球的角度思考中國大陸的位置和應扮演的角色，習近平提出中國夢和兩個一百年，所謂兩個一百年是：第一個一百年，到中國共產黨成立 100 年時（2021 年）全面建成小康社會的目標一定能實現；第二個一百年，到新中國成立 100 年時（2049 年）中華民族偉大復興的夢想一定能實現[6]。

面對美國從 2009 年以來所展開不友善的攻勢戰略，習近平打算以著重穩固與俄羅斯的戰略合作關係作為外交的出發點。他就任國家主席之後的首次出訪，全球都在觀察，然而習近平將他的首次出訪獻給了俄羅斯和非洲，這樣的選擇有相當程度的政治象徵性意涵。習近平藉由首次的出訪傳達中國大陸除了是俄羅斯的傳統盟友外，仍是第三世界的可靠夥伴。習近平從 3 月 22 日起到 3 月 31 日止共訪問了俄羅斯、坦尚尼亞、南非和剛果共和國，除了國事訪問外並出席金磚國家領導人的第五次會晤。在對這一系列訪問國家中，對俄羅斯的訪問時間雖然短，但是意義特卻別的深遠，因為習近平有意的要顯現出中俄新型

---

[6] 「兩個一百年」是共產黨在十八大會議中提出的一項奮鬥目標，和「中國夢」是相輔相成，是中共黨設定的未來的發展和奮鬥的目標。http://wapbaike.baidu.com/view/10004365.htm

大國關係的特色，習近平也希望這樣的新型大國關係將來也能
夠適用在與美國的關係上。

這個中俄新型大國關係的特色有幾項：

一是不結盟而能做到真正意義上的戰略協作。冷戰時期唯
有結盟才稱作戰略關係，如今卻擺脫了冷戰思維。

二是關係密切而不存在依附性。當今世界，有些國家之間
的關係似乎也很親密，卻是一種主從關係。

三是維護自身的利益和尊嚴而不懷破壞和顛覆對方之心。
這包括不把自己的主張和信念強加於人。

四是根據是非曲直處理國際事務而不搞雙重標準。

五是在利益方面的矛盾和分歧能通過平等協商加以解決，
從而不斷產生合作的新成果[7]。

習近平的第二次出訪開始於 2013 年的 5 月 31 日至 6 月 8
日，前七天主要對千里達和托巴哥、哥斯大黎加、墨西哥三國
進行國事訪問，後二天，即 6 月 7 日至 8 日在美國加利福尼亞
州安納伯格莊園與美國總統歐巴馬舉行會晤。重頭戲當然是放
在中美兩國領導人的會面之上，但在與歐把馬會面前，習近平
先到南美和中美，特別是墨西哥進行訪問，被解讀為有挖美國

7　http://big5.china.com.cn/international/txt/2013-04/03/content_28433981.htm

牆腳的意味，事實上，習近平仍在努力的強調中國大陸仍是第三世界的可靠夥伴。

中美兩大強國領袖的會晤，大家的焦點放在兩國關係上面，歐巴馬在會晤開始時對記者說道，他希望美國與中國開展「新模式的合作」。他還指出，在世界兩大經濟體之間建立穩固的關係對世界來說很重要。他希望兩國在包括網路安全等一系列問題上加強合作。而習近平則提出，希望兩人的會晤能給中美關係開啟未來，並重申希望兩國建立「新型」中美關係[8]。原本歐巴馬期待利用這個機會針對網軍的議題對中國施壓，但是由於斯諾登的解密，暴露出美國才是全球最大的網路竊聽者，美國透過其資訊業者幾乎竊取全球政經人物的私人通訊機密，歐巴馬的期望落空。此次會晤之後，中美新型大國關係被搬上了檯面，成為中美兩國探索和磨合的主要議題。

在出席於莫斯科召開的二十國峰會的時候，習近平於 2013 年 9 月 3 日至 13 日，對土庫曼斯坦、哈薩克斯坦、烏茲別克斯坦、吉爾吉斯斯坦進行國事訪問並出席上海合作組織比什凱克峰會。中國大陸的外交部長王毅系統性的解說中國大陸的外交目標，王毅強調：「中亞國家同我國山水相連，相互依存、休戚

---

[8]　http://www.huanqiu.com

與共。古絲綢之路很早就把我們聯結在一起。中亞已成為我國
西北邊疆安全屏障和經貿、能源戰略合作夥伴。當前，國際和
地區形勢深刻複雜變化，本地區國家既具備利用經濟互補優勢
實現共同發展的機遇，也面臨著外部勢力滲透干涉以及『三股
勢力』等共同挑戰，都希望加強雙邊及上海合作組織內團結合
作，營造和平、穩定、安全的周邊環境。這次習近平主席首次
訪問中亞四國並出席上海合作組織峰會，著眼於維護周邊穩
定、服務國內發展，是我國採取的又一次重大外交行動[9]。」

　　2013 年 10 月，習近平又藉由參加 APEC 會議之便，對東盟
一些國家進行訪問。10 月 2 日至 8 日，習近平對印尼、馬來西
亞進行國事訪問並出席在印尼峇厘島舉行的亞太經濟合作組織
（APEC）第二十一次領導人非正式會議。王毅也針對習近平的
訪問作了介紹，他說：「當前經濟全球化、區域一體化加速發展，
亞太地區已成為世界經濟增長重要引擎，同時也面臨各種挑
戰。求和平、謀發展、促合作、圖共贏是本地區各國共同願望。
中國同周邊國家命運相連，利益攸關。實現『兩個一百年』奮
鬥目標離不開一個和平穩定、共同發展的周邊環境。習近平主

---

[9] 2013 年 9 月 14 日 02:03:15 來源：新華網。共建文明互鑒共同發展的新時代絲綢
　之路──外交部長王毅談習近平主席訪問中亞四國並出席上海合作組織比什凱
　克峰會。

席這次出訪是我國新一屆中央領導集體對東南亞和亞太方向開展的一次重大外交行動，訪問兩國、面向東盟、著眼亞太，目的是開創周邊外交新局，推動亞太區域合作，促進地區發展繁榮。」

王毅在接受媒體訪問的時候，系統性的分析並說明習近平在這次的出訪有四個要項值得注意：

一、推動中國與印尼、馬來西亞關係進入新階段

王毅說：印尼是發展中大國、重要新興市場國家，也是東盟最大成員國。馬來西亞是東盟重要成員國及我國在東盟內最大貿易夥伴。中國與兩國關係一直走在同東盟國家關係前列。兩國同中國加強合作潛力巨大，願望強烈。進一步提升雙邊關係水準是新形勢下雙方著眼長遠、順應潮流的必然選擇，對帶動中國-東盟整體關係發展具有引領和示範作用。中國同兩國分別簽署了經貿合作五年規劃，對接各自發展戰略，確定了新的合作目標和重點領域，提出 2015 年中印尼貿易額達到 800 億美元、2017 年中馬貿易額達到 1600 億美元，保持並擴大雙邊本幣互換規模。中印尼合作「上天入海」，拓展至航太、外空、海上。

中馬將共同把欽州、關丹這一「兩國雙園」產業園區打造成兩
國投資合作的旗艦。

二、確立中國與東盟各國關係的新目標

　　王毅說：中國和東盟國家山水相連、血脈相親，發展同東
盟國家睦鄰友好合作關係，是中國周邊外交優先方向。今年是
中國和東盟建立戰略夥伴十周年，雙方關係正站在承前啟後、
繼往開來的歷史新起點上。

　　習近平則全面闡述了中國對東盟政策，明確了中國-東盟關
係的長遠發展目標。習近平指出：中國同東盟國家在發展進程
中有共同追求，在維護地區繁榮穩定上有共同利益，在國際和
地區事務中有共同語言。強調中國將繼續堅持與鄰為善、以鄰
為伴，堅持講信修睦、合作共贏，願同東盟國家商談締結睦鄰
友好合作條約，攜手建設更為緊密的中國-東盟命運共同體，作
守望相助、安危與共、同舟共濟的好鄰居、好朋友、好夥伴。
中國將擴大對東盟國家開放，提高中國-東盟自由貿易區水準，
使雙方貿易額 2020 年提升至 1 萬億美元。中方倡議籌建亞洲基
礎設施投資銀行，以促進東盟及本地區發展中國家的互聯互通

建設。中國願同東盟國家發展好海洋合作夥伴關係，共同建設
21世紀「海上絲綢之路」。

三、引導亞太經合組織取得新發展

　　王毅強調：APEC 是亞太地區層級最高、領域最廣、最具影
響力的經濟合作組織。在新形勢下，亞太經濟能否保持活力、
APEC 能否引領亞太區域合作，備受關注。東道主印尼將本次
APEC 會議主題確定為「活力亞太，全球引擎」，主要議題包括
實現茂物目標、可持續和公平增長、亞太互聯互通等。這些都
與亞太長遠發展緊密相關。

四、展現中國經濟發展的新前景

　　王毅指出：中國發展離不開亞太，亞太繁榮離不開中國。
針對各方關注中國經濟的發展前景，習近平主席利用各種場合
全面介紹中國經濟總體平穩、穩中有進的良好態勢，闡釋中國
深化改革開放的新思路及新舉措，強調中國正在加快轉變經濟
發展方式，重在提高發展的品質和效益。我們對中國經濟持續
健康發展充滿信心。

　　習近平主席強調：中國致力於實現中華民族偉大復興的中國夢。中國夢同亞洲各國人民追求和平、繁榮和幸福的美好夢想是相通的。中國為亞洲和世界帶來的是發展機遇而不是威脅。中國願繼續同東盟、亞洲和世界分享發展成果[10]。

　　2014 年 3 月 22 日，習近平又藉由參加在荷蘭召開的核安鋒會，對德國、法國、荷蘭、比利時和歐盟進行長達十一天的訪問。習近平到歐洲相關國家的國事訪問的光彩幾乎完全掩蓋了歐巴馬的工作訪問，當歐巴馬正在為烏克蘭的克里米亞和俄羅斯翻臉的時候，歐盟和北約對如何處理俄羅斯與烏克蘭的變局舉棋不定，歐盟的經濟不振和財政赤字嚴重等不力的情事正困擾著歐洲國家的時候，習近平帶著投資歐洲，向歐洲採購和共同發展中歐經濟的禮物來到歐洲，顯然的，歐洲國家對習近平的歡迎程度遠遠超過歐巴馬。

---

[10] 2013 年 10 月 9 日 08:49 來源：人民網-國際頻道——外交部長王毅談習近平主席訪問印尼、馬來西亞並出席亞太經合組織第二十一次領導人非正式會議

第七章　中美關係從對抗為主
到既對抗又合作的轉變

　　從 2009 年 6 月推出重返亞洲，重新領導亞洲或者叫做「亞太再平衡戰略」以來，中美兩國的關係就進入了「鬥而不破」的處境。之所以會是「鬥而不破」，係因為美國的「亞太再平衡戰略」是針對中國大陸的攻擊性戰略。所以，當中國大陸選擇起而與之對抗的時候，彼此之間是針鋒相對的，但是在現實上，兩國卻又存在著巨大的貿易份額，中國大陸又是美國最大的債權國，在經濟上兩國相互依賴，在國際政治上，美國也需要中國大陸的協助，因為沒有中國大陸的支持，任何制裁都無法產生效果。所以，中美之間的互動關係，發展為既競爭又合作的關係。

第一節　美國的攻勢作為——歐巴馬的內外交困

　　歐巴馬的第一任國務卿希拉蕊是美國重返亞洲，重新領導亞洲的主要負責人，她的作為非常強勢，她的工作態度非常積極，也很認真的執行該項戰略。自就任以來，希拉蕊在空中飛行的時間幾乎和在地面上生活的時間一樣長，她被媒體冠之以「空中飛人」，希拉蕊曾經這樣的描述過自己的工作狀況，她說：「這是一份每天二十四小時，一週七天的工作，你永遠沒有下班的概念」。根據統計，在她四年的任期中，她訪問過一百一十二個國家，公開演講數以千計，飛行里程超過 140 萬公里，相當於繞地球三十八圈還多，她本人也因此從美國媒體那裡獲得「勞模國務卿」的稱號[1]。

　　但是，希拉蕊的強勢作為使得美國與中國大陸之間的關係，一直處於緊繃的狀態，加上美國一直無法從中東抽身，無

---

[1]　http://www.hellotw.com/yjpt/qqgc/201302/t20130205_815386.htm
　　大公報：別了，「勞模國務卿」希拉蕊，日期：2013 年 2 月 5 日 13:39，來源：中國新聞網。

論是阿富汗、伊拉克、利比亞戰爭、敘利亞內戰到伊朗的核問題等皆是如此。這些缺乏有效解決方案的問題都將美國的軍力綁在中東和中亞的地區，如此使得美國無法靈活的和有效的調動軍力到亞洲區域來。儘管美國不斷的重申她的重返亞太戰略，但是軍力的實際部署就是不能到位。因此，美國軍力調度的吃緊，也使得美國在亞太地區無法建立起可靠的信用，亞洲國家，特別是東盟國家都保持著觀望的態度，她們在觀察美國的口頭上的宣示與實際上的作為之間的距離。

正在這個時候，中國大陸的快速發展，中國大陸也在努力的加速與東盟國家發展自由貿易區的進程，大陸與東盟國家間的經濟關係越來越為密切，中國大陸也協助韓國和日本與東盟發展出 10+3 的自由貿易區，目前正在積極推動 RCEP（10+6 東盟與中、日、韓、澳、紐、印等六國）。除了在經濟方面的合作外，中國大陸也積極的對外輸出高技術含量的武器和裝備，這樣以來，中國大陸與東盟的經濟合作和科技合作就越來越為增強，使得亞洲國家不再像以前一樣站在美國這一邊，亞洲主要國家的不願選邊戰，使美國倍感到挫折。

美國的軍力調度除了受到中東地區局勢混亂等問題的牽制外，在內政上也是不太順心的。由於民主黨不能掌握參議院的絕對多數，歐巴馬一直面對的分裂的國會，在施政上當然會受

到共和黨的制肘。前美聯儲主席伯南克於 2012 年 2 月 7 日在國會聽證會上提出美國將在 2013 年 1 月 1 日同時出現稅收增加與開支減少局面。如果美國國會兩黨不能在 2012 年達成協定，以規避這一局面，減支增稅措施將自動生效，2013 年美國將會增加 5320 億美元稅收，同時會減少 1360 億美元政府開支。這樣一來，美國將會面對財政懸崖的窘境，而所謂「財政懸崖」主要牽涉四個問題：美國前總統布希的稅收減免措施的到期；2%薪資稅減免措施的到期；失業補償措施的延長期屆滿；以及如果國會未能達成協議，滿足超級委員會的減赤目標，那麼由預算控制法案授權的自動支出及預算削減措施將會生效。上述所有措施涉及約 6000 億美元，約占美國國內生產總值的 3.8%。而目前，美國經濟復甦尚蹣跚起步，增速僅為 2%左右。「財政懸崖」對於經濟的重大影響可想而知[2]。

在共和黨的制肘之下，歐巴馬發起兩黨的全面對決，在兩黨全力的交鋒之下，造成美國政府的危機和全球股市危機，對美國政府的信用產生非常不利的影響，也使美國的全球影響力大為下降。

---

[2] http://baike.baidu.com/view/9308287.htm

第二節　美國調整重返亞太戰略的內涵

2012 年，歐巴馬取得了連任，但是他卻調整了重要的人事命令，原國務卿希拉蕊下臺，克禮上臺。美國的亞太政策似乎從極具侵略性的重返亞太，重新領導亞太轉變為較為溫和性重返亞太，亞太再平衡戰略。

然而，美國對亞太的戰略目標仍然沒有改變，也就是美國仍然要尋求增大對亞太地區國家的領導權，仍然要努力降低中國大陸對亞太地區的影響力，甚或將中國大陸的勢力排擠出去。只不過，美國打算調整執行的手段或方式而已。換言之，美國打算將明顯的強攻方式改為在相關有島嶼主權爭議的國家背後撐腰的方式。

2013 年 10 月，美國與阿富汗就美軍不受阿富汗司法管轄權的談判觸礁，美國威脅將在 2014 年之後全軍撤出阿富汗，並且停止對阿富汗政府提供金援，後來美國改為等到阿富汗於 2014 年 4 月大選之後，與新政府就此問題再行談判[3]。換言之，美國

---

[3]　http://www.chinanews.com/gj/2013/10-14/5376536.shtml

無法整個放棄在阿富汗所建立的勢力範圍，也不願放棄這一能夠對俄羅斯和中國大陸的戰略安全起到牽制作用的地緣戰略要地。但是，中國大陸利用在美軍提供的安全保護下，正積極的與阿富汗發展緊密的經濟關係，大陸的企業家進入阿富汗開採礦產，中國大陸邀請阿富汗出席上海合作組織，擔任觀察員國。中國大陸與阿富汗的這種增強經濟、政治和安全的關係受到阿富汗人民相對的歡迎。

除了無法自外於中東和中亞問題，2013 年美國發生的財政懸崖的危機，美國財政狀況的無法改善與反對黨在國會的制肘，使得歐巴馬決定不參加 10 月份在印尼峇厘島舉行的亞太經合會。基本上，歐巴馬設想，美國總統的不能與會將會使該會議失色不少，如此一來，正可以顯示出美國在亞太地區的重要性和領導地位。然而，事與願違，事態的發展不如歐巴馬政府的預期，2013 年 10 月召開的亞太經合會，不但順利舉行，中國大陸的習近平成為整個會議的焦點，中國儼然成為亞太地區的新領導者。這個現象大大的刺激了歐巴馬，也使美國產生相當強烈的危機感，歐巴馬除了向主辦國道歉外，也在思考如何增強在亞太地區的影響力。

局勢的發展總是超出人們的預期，歐巴馬對敘利亞內戰畫出一條紅線，絕不容許使用化學武器，如果敘利亞政府使用化

學武器攻擊反對派，美國將對敘利亞進行軍事介入。然而，敘利亞卻發生了幾次的化武攻擊，政府軍和反抗軍相互指責對方使用化武，俄羅斯認為在事證不明確的情況下，絕不容許美軍對敘利亞進行軍事打擊，除了外交宣示外，俄羅斯將航母部署在俄國在地中海的敘利亞所設的軍事基地。美國最終選擇不採用軍事打擊，這就重創了歐巴馬的國際聲望。

敘利亞的化武事件之後，烏克蘭內部的事態越形嚴重。2014年 2 月，烏克蘭就是否簽署與歐盟的經濟合作協議發生嚴重的抗議衝突事件，事件越演越烈，2 月 18 日和 2 月 20 日接連爆發嚴重的衝突，造成千人以上的傷亡，這就迫使歐美和俄國必須介入烏克蘭局勢的發展。經過磋商，雙方簽署了一份有美國、歐盟和俄國背書的協議，烏克蘭總統同意提前舉行總統改選，烏克蘭總統和反對派同意提前到 5 月 25 日舉行總統大選並且改造新憲法。然而，就在簽署完協議後的第二天，烏克蘭國會發動政變，罷黜總統亞努柯維奇，而歐盟和美國也在第一時間承認該臨時政府，這就給俄羅斯有充足的理由介入烏克蘭的克里米亞半島了。

3 月 16 日克里米亞半島舉行全民公投，公投投票率高達85%，93%的投票者支持克里米亞重歸俄羅斯[4]。克里米亞的「脫

---

[4] http://www.bbc.co.uk/zhongwen/trad/world/2014/03/140316_ukraine_russia_crimea.shtml

烏入俄」成為事實之後，美國和歐盟或北約在對俄羅斯的制裁方面存在嚴重的歧見。美國對俄羅斯的軍事行動也遲遲沒有動作，對俄羅斯的制裁也不痛不癢。眼看著美國只有口頭宣示而沒有辦法採取有效的措施，美國在國際間的領導威望更受到嚴重的衝擊。烏克蘭的問題還在困擾著美國和歐盟相關的國家，但是，美國的一些智庫卻認為烏克蘭問題也同樣存在在亞洲與中國大陸有主權爭議的國家中，他們認為中間存在著驚人的類似，這或許是美國一些智庫故意製造出來的論述，為美國採用更強烈的手段製造藉口。

2014 年 4 月 1 日到 3 日，美國首次邀集東盟十國防長在其本土夏威夷召開防長會議，會議期間，美國國防部長哈格爾強調：「俄羅斯吞併克里米亞的行為引發了太平洋等地區盟友的擔憂。我此行的另一個原因是向美國的盟友保證，我們會信守許下的安全承諾。」美國還特別針對中國在南海的「威脅行為」強調美國將與東盟進一步加強合作。哈格爾說：「美國越來越擔心南海領土問題會導致地區局勢不穩定，我已向國防部長們表明了這一點。重要的是所有相關國家都不要使用武力進行威脅、恐嚇和壓制。」根據法新社的報導，哈格爾在 3 日會議結束後舉行的記者會上透露，他與東盟的國防部長們討論了南海問題，對中國進行了牽制。哈格爾還表示：「我們在東海和南

海問題上與中國存在著意見分歧，將敦促中國按照國際規則行事[5]。」

　　同年 4 月 6 日，哈格爾在日本強調他將向中國的領導人傳遞這樣一個信息：中國不能單方面重新確定邊界線，否則就有引發衝突的風險。他說：「中國近期多次試圖擴大在南中國海和東中國海（中國分別稱南海和東海）的影響力，這已經令發生衝突的可能性增大。」哈格爾又說：「你不能跑到全世界去重新劃定邊界，不能用武力、強制或威脅的方式侵犯他國領土和主權完整，不管是太平洋中的小島，還是歐洲的大國。」他還補充稱，大國的責任也大，而中國是一個大國[6]。

　　當美國對俄羅斯將克里米亞收入口袋之舉，認為沒有必要以武力回應俄羅斯在烏克蘭的舉動。美國認為這一聲明令美國的亞洲盟友對於華盛頓為其提供防衛的決心有多大產生了質疑。儘管烏克蘭不是北約（NATO）成員，但卻是該軍事同盟組織長期以來的夥伴。所以，哈格爾到訪東京是為了讓日本這個美國長期盟友放心，美國將踐行相關條約中載明的防衛日本的承諾。他說，美國將完全、堅決地履行承諾，維護日本的安

---

[5]　http://news.sina.com.cn/w/2014-04-06/102929875844.shtml

[6]　http://tw.wsj.com/big5/20140407/bas091302.asp?source=whatnews2

全，4 月 6 日，哈格爾在與日本防衛大臣小野寺五典（Itsunori Onodera）舉行新聞發布會時，他重新確認了這一點主張[7]。

美國國防部長在處理東海和南海問題的態度突然轉硬之後，馬上遭到中國大陸國防部長常萬全和軍委會副主席范長龍強硬的反擊，范長龍特別透過公開的會談當著哈格爾和記者面前對哈格爾的連日來的言行表達非常的不滿意，常萬全更在與哈格爾的記者會上，強調中國為了領土主權的完整有戰爭的決心。這些訊息事實上不只是傳遞給美國社會和決策者，而且還傳遞給周邊國家的人民和決策者，主要的目的在於避免相關國家錯估形勢，誤認為中國大陸會忌憚美國的軍事威脅，在島嶼主權的爭端中退讓，同月 10 日，李克強在博鰲論壇作主題演講的時候強調：「中國將繼續堅持走和平發展道路，奉行睦鄰友好的周邊外交政策，同時我們維護本國領土主權的意志也是堅定不移的，願通過和平手段解決爭端的主張也是明確的。對加強海上合作的積極行動，我們都會傾力支持；對破壞南海和平穩定的挑釁行為，我們會果斷回應[8]。」4 月 12 日 9 時許，三艘大陸的海警船再度駛入釣魚臺的領海航行兩小時，繼續明確的宣示主權的決心。

---

[7] http://tw.wsj.com/big5/20140407/bas091302.asp?source=whatnews2

[8] http://news.wenweipo.com/2014/04/10/IN1404100029.htm

　　同年 5 月，中國大陸將「海洋石油 981」深水油氣田鑽井平臺移到南海區域內探勘石油。7 月，中國大陸還在每兩年舉行一次，也就是從 2014 年 6 月 26 日到 8 月 1 日進行的環太平洋軍事演習中，公開的派遣一艘偵查船來監視由美國主導的這項有二十二國參加的大規模演習，這艘偵查船主要的任務是解放軍用來蒐集周邊艦船、飛機電子和通訊資料的三艘偵察船中的一艘。中國大陸這樣做的目的是公開的直接的回應美國長期以來對中國大陸在進行軍演的時候做法，長期以來，美國和日本都直接派遣間諜船，進入解放軍的演習區進行情報蒐集，當大陸提出抗議的時候，美國的回應都是這是在公海，在公海的所有活動都是合法的，美國有權進行任何活動。所以，中國大陸向美國和日本正式告知，未來中國的間諜船會在美國和日本的演習區中進行情報的蒐集工作。

結論　亞太權力結構正在進行重新組合

　　如果美國打算要重新領導亞洲，就必須對相關的國家提供足夠的經濟發展的誘因，也必須提供足夠的安全保護，又不能過度介入亞洲相關國家的政治發展，特別是在民主政治或人權的發展方面。但是，如果美國不能對她所援助的國家同時提出民主和人權的要求，美國在國際社會或國內政治的所謂堅持國際正義或聯合國憲章的公民權利的立場方面，就會受到質疑，這更有損美國作為世界領導人所賴以支撐的價值。其次，亞洲國家已經不是過去羸弱的小國，她們的經濟獲得了相當程度的改善，國民所得逐步的增高，消費力也大為提高，所以，美國過去的經濟援助款項已經越來越不能滿足這些國家的胃口。此外，中國大陸也已經成為在價格上相當有優勢地位，而技術條件卻越來越高，甚至在某些領域已經趕上歐美的現代化高技術的武器和裝備供應國之一，亞洲國家可選擇的資源和方案越來越多。相對的，原先一直構成美國最具影響力或權力地位的這些可配置的資源也就越來越有限，美國想要以過去的方式，繼續的領導亞洲顯得更加的困難。

　　在東海海域，過去對於受朝鮮核威脅的日本和韓國而言，美國可以張開核保護傘，建構美、日、韓軍事一體化，在日本和韓國駐紮軍隊，來發展對韓國和日本的影響力和領導地位。但是，當韓國和中國大陸隨著日本安倍晉三政府的右翼傾向，對過去的戰爭史觀、殖民歷史和慰安婦的立場採取堅決的不認錯的態度，導致中韓兩國走得越來越近。相對的，韓國與日本的關係卻越來越緊繃，即使美國不斷的在韓日雙邊進行調停，但是，由於美國更需要日本去對付中國大陸，美國需要日本盡快的再繼續服從美國的領導和指揮的前提下，解禁集體自衛權並且修改武器出口三原則，所以美國必須偏袒日本。美國這樣偏袒日本的做法也或多或少的影響到美韓的關係。美國為了修補美韓的關係，為了強調與韓國的關係不受影響，美國擴大了今年從 3 月到 4 月的美韓軍演，藉以表示美國將堅定的捍衛韓國安全的決心。到目前為止，美國仍然無法有效的改善韓國和日本的關係，相對的，中韓關係卻逐漸改善，中國對韓國的影響力在逐步的增強之中，這種情形對美國在韓國的領導地位會產生不利的影響，因為，當韓國可選擇的合作夥伴增多了，對美國的依賴自然會相對的減少。

　　作為東亞的大國之一，日本由於走向錯誤的方向，欠缺反省能力，不能正確的面對過去的侵略亞洲的歷史，所以，日本

在東亞地區的孤立處境，反而增大了對美國的依賴感。但是，日本卻很明確的觀察到美國力量的衰退，在國際問題上的可用籌碼的減少和政治意志與決心的不足，這又促使日本必須去設想自己更長遠的路。換言之，日本認為美國最終將失去全球領導者的地位，而中國大陸可能取而代之。為了保障日本的國家利益，日本必須利用現在中國大陸還不完全強大的時候，為自己建構更有力勢力範圍，和搶占更多的勢力範圍，日本政府稱之為「搶奪圍棋式的地盤」，這是安倍晉三的重要外交智囊，日本第一任國家安全保障會議安全局局長谷內正太郎重要的戰略構想。

在南海地區，美國不斷的操作中國威脅論的論點，加深亞太區域國家的不安全感和焦慮感，對於與中國大陸有島嶼主權爭議的南海國家，則以保障航行自由和安全為由，企圖聯合這些國家共同舉行軍事演習並且保障這些國家的自由航行權。美國構想在與中共的磨合過程中，伺機介入扮演調停角色，使南海的島嶼主權成為多邊會談而非中共希望的雙邊會談。但是，東盟國家除了菲律賓和越南外，其他與中國有島嶼主權爭議的國家如馬來西亞和汶萊則不願意配合美國與中國大陸強硬的對抗。她們不認為中國會限制她們的航行自由，也不認為有必要為了這些無人島嶼，採取與中國可能導致軍事衝突的策略是正

確的，她們似乎較願意採用外交與政治的手段來處理這些與中
國大陸的爭議。因此，美國這次極力遊說的防長會議並未如美
國期待的達成與東盟國家的共識。

在 2014 年 8 月 9 日美國又於在緬甸首都內比都召開的東盟
外長會議中，美國國務卿克理，大肆抨擊中國，主張「美國和
東盟對確保關鍵的海域，陸地和海港的海上安全承擔共同責
任。」並且極力主張「我們需要共同努力，控制在南中國海的
緊張局勢，並以和平的方式、以國際法為基礎來應對這樣的局
勢。」最後，克理代表美國提出「自願凍結激化南海爭端行為」
的提案，但是卻遭到東盟各國外長冷淡的反應，討論都不願意
討論[1]。除了美國的評論之外，世界各國的新聞評論都認為這是
美國外交上重大的挫敗。由此可見，經過五年多的努力，美國
在亞洲的影響力和領導能力非但沒有增強，反而呈現顯著性的
衰退。

在經濟方面，美國採取主導 TPP 的模式，想要以此來孤立
中國大陸。基本上，美國想要透過建構泛太平洋經濟體來對中
國施壓，她要求中國大陸必須承認美國的領導者地位，也要求
中國大陸必須遵守美國所訂定的標準來行事。但是美國的這項

---

[1] http://www.bbc.co.uk/zhongwen/trad/world/2014/08/140809_asean_us_response.
shtml

高標準的經濟模式是否能產生效果，各方的評估不一，如果經濟體的規模不夠大，吸引力有的時候是不夠的，太大了，變數也就增多了，根本而言，吸引力最為重要。對參與國而言，要利大於弊才會有吸引力。加入之後，如果對本國經濟的發展是弊大於利，斷然不會有吸引力的。如果非以理性的經濟利益作為考量，而以外交或政治利益作為考量加入的國家，其政治和經濟最終將承受更大的傷害。所以，美國推動的 TPP，其進展速度相當的緩慢，即使是美國重要的盟友日本，時到今日仍然抗拒與美國達成協議。

　　為了盡快促使日本參加 TPP，歐巴馬於 2014 年 4 月 23 日，親自訪問日本，並且不惜得罪中國大陸和台灣，在釣魚臺的問題上明顯的偏袒日本，他最主要目的是尋求替美日貿易談判掃除障礙。歐巴馬在出發前就故意的以書面方式回應日本《讀賣新聞》的專訪，指出，「美國的政策很明確，釣魚臺列嶼在日本的管轄之下，因此適用美日安保條約第 5 條。我們反對任何意圖阻礙日本治理這些島嶼的片面行動。」歐巴馬主動對日本釋放出這麼重大的善意，其重頭戲是為美日貿易談判突破僵局，因為美日雙方在農產品和汽車關稅的歧見始終喬不攏，這個歧見使十二國參與談判的泛太平洋夥伴關係協定（TPP）難有

進展。[2]歐巴馬這樣的作為仍然得不到他想要的結果，很明顯的，這是歐巴馬嚴重的外交挫敗，也是美國國際地位衰退的具體明證。

相對的，中國大陸在順利的完成中國大陸與東盟國家自由貿易區之後，也成功的發展出東盟加中、日、韓的 10+3，現正加速將印度、澳大利亞和紐西蘭也融入該體系之中，也就是我們所知道的 RCEP（10+6），這個範圍更大的自由貿易區。這些環繞著以中國大陸為核心的亞洲自由貿易區進展得順利，顯示出中國的經濟對相關國家具有更大的吸引力，2014 年 3 月 31 日，習近平開始赴歐盟進行訪問，他主要的目的在於希望能夠改善與歐盟間的貿易摩擦，希望能夠推進中歐投資協定談判，而歐盟方面則希望中國進一步開放市場，吸引更多的直接投資。從這裡我們可以看出，中國大陸已經開始為打造出歐亞大陸自由貿易區，建構起以中國大陸為核心的歐亞經濟區作出鋪墊的工作。未來，如果大陸與歐盟建立起自由貿易的經濟區，大陸的影響力將會從亞洲擴張到歐洲和中東等其他地區。

面對中共這樣的作為和成長，美國白宮相關官員強調他們不會毫無作為，作以待斃，但顯然的美國的壓力也很大，美國

2　http://www.chinatimes.com/newspapers/20140424001238-260203

對成效的預期也不敢過於樂觀。無論如何,美國已經開始的動作對中國大陸也已經產生了作用,中國大陸在對美國的態度上,採取了軟的越軟,硬的越硬,有軟有硬的應對方式,有些地方,如軍事上,中國採取的針鋒相對,毫不退讓,在國際政治上,在外交上,可以合作的例如在對朝鮮的核問題上,則聯合在安理會通過對朝鮮的經濟制裁。在馬航在烏克蘭的墜機方面則採取聯合國應主動、積極、客觀公正、獨立的調查真相,在真相未明之前,各國不要使用政治語言去譴責任一方,這樣的主張得到大多數國家的支持,也暫時的消除了美俄之間的齟齬。

自 1973 年越戰挫敗以來,美國失去了在亞洲的唯一主導地位,也沒有能力阻止蘇聯對阿富汗的入侵。1989 年蘇聯等歐洲共產世界的崩解美國重新獲得世界員警的角色,但是自 1990 年起,美國幾乎將所有的注意力集中於中東和中亞地區,2001 年的阿富汗戰爭和 2003 年的伊拉克戰爭牽制了美國的主要軍事力量。歐巴馬上臺後,美國重新檢討國際情勢和國家戰略地位,確認亞洲是當前和未來最為強勢的經濟區域,美國在亞洲的經濟利益和政治利益因著中國的快速崛起已經受到嚴重的挑戰。因此,美國必須轉變重歐輕亞、重中東輕亞洲的政策,美國要重新獲得對亞洲國家的支配權。

　　初步觀察，歐巴馬重返亞太戰略的成效是不彰的，美國目前仍然是全球第一強國，美國仍然具備相當的優勢，例如，美國的科學研究面向是全方位的，是其強國重要的基石，美國的高等教育仍然領先全球。但是，美國的國際正義的價值卻因一方要扮演國際警察，一方卻又強調一切都要符合其國家利益，如此，假借國際警察的形象獲取自己的國家利益，在國際上形成超大型流氓國家的印象，這些造成美國價值在全球市場的萎縮，也降低了美國的國際影響力。

　　美國軍力的先進性和具有豐富的實戰經驗使美國保持著相當的優勢地位，但是，隨著中國大陸國防科技全方位的快速發展，這種差距在逐漸的縮短之中，如果我們以極為優秀的年輕學子選擇科系作為計算和評估的基礎，則美國的這種優勢在未來二十年內將消失。這主要係因為，當前中國大陸高等教育中前 1%的頂尖學生之中有 70%的學生學習理工科系，而美歐日等國卻是學習法商科系，如此，中國大陸科學家團隊的數量將遠遠超過這些國家的總和。因此，就長遠的方向看，人才和財力方面中國大陸方面占有優勢地位。

　　美國在亞洲國家中最吸引人的是其價值，其次是經濟，再其次是軍事力量。當前美國的價值在崩潰之中，經濟也不振，唯獨軍事力量仍有強大的吸引力和影響力。但是，當美國的財

政不足以支撐美國的軍事力量的繼續發展，而她與中國大陸的差距正面臨逐漸的縮短的命運，美國在亞太地區的影響力正朝下行的趨勢發展，因此，美國要想重新領導亞洲將會是難以達成的目標。亞洲的權力結構隨著美國重返亞太戰略的挫敗在重新的組合，中國大陸的影響力日漸增大，美國則會繼續朝衰退的方向走下去。

美國的重返亞太，亞太再平衡戰略是錯誤的，也正面臨著失敗。當美國還具備有優勢地位的時候，對中國大陸還具有吸引力的時候，選擇用傳統的，而且也顯得陳舊的蘿蔔和棍子的手段，蘿蔔基本上是用來擴張影響力，棍子則是用來確保權力能夠行使的手段，用這兩種手段來對付中國大陸根本就是個錯誤。美國應該選擇真誠的跟中國大陸交朋友，用充分溝通和磋商的方式來處理彼此間的歧見，採用合作的方式來處理國際間的問題會比用對抗的方式要好得多。

實踐大學數位出版合作系列
社會科學類　PF0139

美國重返亞太戰略對亞洲權力結構的影響

作　　者／賴岳謙
統籌策劃／葉立誠
文字編輯／王雯珊
封面設計／王嵩賀
執行編輯／蔡曉雯
圖文排版／連婕妘

發 行 人／宋政坤
法律顧問／毛國樑　律師
出版發行／秀威資訊科技股份有限公司
　　　　　114 台北市內湖區瑞光路 76 巷 65 號 1 樓
　　　　　電話：+886-2-2796-3638　傳真：+886-2-2796-1377
　　　　　http://www.showwe.com.tw
劃撥帳號／ 19563868　戶名：秀威資訊科技股份有限公司
　　　　　讀者服務信箱：service@showwe.com.tw
展售門市／國家書店（松江門市）
　　　　　104 台北市中山區松江路 209 號 1 樓
　　　　　電話：+886-2-2518-0207　傳真：+886-2-2518-0778
網路訂購／秀威網路書店：http://www.bodbooks.com.tw
　　　　　國家網路書店：http://www.govbooks.com.tw

2014 年 11 月 BOD 一版
定價：200 元
版權所有　翻印必究
本書如有缺頁、破損或裝訂錯誤，請寄回更換

國家圖書館出版品預行編目

美國重返亞太戰略對亞洲權力結構的影響 / 賴岳謙著. -- 一
版. -- 臺北市 : 秀威資訊科技, 2014.11
　　面 ；　　公分. -- (實踐大學 ; PF0139)
BOD 版
ISBN 978-986-326-289-3 (平裝)

1. 美國外交政策　2. 美國亞太政策

578.52　　　　　　　　　　　　　　　　　　103018335

讀者回函卡

感謝您購買本書，為提升服務品質，請填妥以下資料，將讀者回函卡直接寄回或傳真本公司，收到您的寶貴意見後，我們會收藏記錄及檢討，謝謝！
如您需要了解本公司最新出版書目、購書優惠或企劃活動，歡迎您上網查詢或下載相關資料：http:// www.showwe.com.tw

您購買的書名：_____

出生日期：_____年_____月_____日

學歷：□高中 (含) 以下　　　□大專　　□研究所 (含) 以上

職業：□製造業　□金融業　□資訊業　□軍警　□傳播業　□自由業

　　　□服務業　□公務員　□教職　　□學生　□家管　　□其它_____

購書地點：□網路書店　□實體書店　□書展　□郵購　□贈閱　□其他

您從何得知本書的消息？

　　□網路書店　□實體書店　□網路搜尋　□電子報　□書訊　□雜誌

　　□傳播媒體　□親友推薦　□網站推薦　□部落格　□其他_____

您對本書的評價：（請填代號　1.非常滿意　2.滿意　3.尚可　4.再改進）

　　封面設計____　版面編排____　內容____　文／譯筆____　價格____

讀完書後您覺得：

　　□很有收穫　□有收穫　□收穫不多　□沒收穫

對我們的建議：_____

_____

_____

_____

11466
台北市內湖區瑞光路 76 巷 65 號 1 樓
秀威資訊科技股份有限公司   收
BOD 數位出版事業部

....

（請沿線對折寄回，謝謝！）

姓　　名：＿＿＿＿＿＿＿＿＿　年齡：＿＿＿＿＿　性別：□女　□男

郵遞區號：□□□□□

地　　址：＿＿＿＿＿＿＿＿＿＿＿＿＿＿＿＿＿＿＿＿＿＿

聯絡電話：(日) ＿＿＿＿＿＿＿＿＿＿＿　(夜) ＿＿＿＿＿＿＿＿＿＿

E-mail：＿＿＿＿＿＿＿＿＿＿＿＿＿＿＿＿＿＿＿＿＿＿＿